JN064674

最短で最高の結果を出す
副業バイブル

小椋 翔
Sho Ogura

フォレスト出版

はじめに

「好きなことをして生きていくのは不可能だとあきらめていませんか？」

あなたがこの本を読み終える頃には、そんなあきらめの心がなくなり、小学生のときに描いた夢のように、ワクワクする毎日を過ごせるようになるでしょう。

次に質問です。

「あなたは今、お金のために働いていませんか？」

ほとんどの人たちが、生活のために仕事をし、〝やりたくないこと〟のために人生のほとんどを費やしています。お金に殺されていることに気づいてもいないのです。お金のために生涯働き、もっとお金が欲しいと思い続ける毎日。あなたは死ぬ寸前に、こんな人生に悔いを抱かないでしょうか？

私からのお願いです。どうかお金に殺されないでください。

副業についてこれから書いていきますが、最初にお伝えしたいことは、必ず副業は「やりたいことをやる」ことです。つまり、好きなことをするのです。お金のために働く人生ではなく、好きなことをしていて気づいたらお金がもらえている、そんな人生にしませんか？

好きなことをする人生を送るために長い準備期間は必要ありません。来月、来年、再来年ではなく、たった今から人生を変えられます。「好きなことで生きる」という人生のゴールに向けてあなたの身体の方角を変えましょう。

お金に殺される人生は、もう終了しましょう。

最短で最高の結果を出す　副業バイブル　目次

第8章 副業0日でも一瞬で売り上げられる副業入門テクニック

装幀◎河南祐介（FANTAGRAPH）
編集協力◎佐藤裕二、斉藤健太（ファミリーマガジン）
図版作成・DTP◎ファミリーマガジン

第1章

副業で成功する人と、しない人との圧倒的な違い

副業は「ありがとうの数」

『マネジメント』などの著作で有名な、ピーター・ドラッカーという経営学者がいます。ドラッカーは、ビジネスとは「問題解決」だと表現しました。ビジネスは世の中の問題を解決するために存在するというのです。

しかし、副業をもっと楽しんでもらうため、気持ちが楽になるような表現に変えたいと思います。副業とは「ありがとうの数」と覚えていてください。

お客様の心からの「ありがとう」を、たくさん集めるだけでいいのです。副業が上手くいかないときは、必ずそこに注目してください。今はよくわからなくても、本書を最後まで読めば、この意味がわかると思います。

本書は、副業によって、あなたの人生をより豊かにするための1冊です。しかし、確定申告、開業届の仕方など、ネットで検索するとすぐに出てくる情報を知りたい人にとっては、この内容に違和感があるかもしれません。もちろん、これから副業をする人、現在、副業をしている人にも役立つような具体的な手法も書いていますが、本書はこの100年時代を生き抜くための本質的な内容を多く収めています。

また、内容によっては「今の私には早い」「こういうのは抵抗がある」などと思うような部分があるかもしれません。そんなときは、その内容を「素直に実行すること」をオススメします。一度、5歳児のような気持ちになってみましょう。5歳児は欲しいもののためならレジの前で寝転びながら駄々をこねるほど、全力を注ぎます。また、素直に真似をするから、難しい日本語もどんどん上達しますし、友達とケンカしても大人みたいにネチネチ言わず、すぐに仲直りします。一方、「必要なプライド」と「必要のないプライド」の両方を手放せない大人は、望むものを自分で遠ざけていることに気づいてもいません。事実、環境に守られているとしても、5歳児の心はお金に殺されていません。

お金に殺されない人生にしたいのであれば、「恐れ」と「恥ずかしさ」で選択を誤らないことです。やる前から否定や拒否をするのではなく、5歳児のようにとりあえずやってみて、やっぱり違うと思ったなら、やめればいいのです。

それでは、これから好きなこととして生きていく副業の世界へとご招待致します。どうぞ、最後までワクワクしながら読み進めていただければと思います。
この本によって、あなたの人生のどこかの暗闇に、希望の光が灯ることを信じて。

副業をオススメする理由

副業をオススメする理由は、大きく分けると４つです。

▼好きなことで収入を得られる
▼ローコストで始めやすい
▼新しいアイデアがなくてもいい
▼収入を得ながら学び、学びながら収入を得られる

つまり、「ストレス」からの解放です。どれだけ大きなお金を手にしても、ストレスが原因で病気になり、身体も心も弱ってしまったら意味がありません。副業をすることで、時間・場所など自身の悩みから解放され、より豊かな人生を生きることができるのです。

また、副業から孤立をイメージする人がいますが、私は副業をすることによって、人との関わりを深めていってほしいと思っています。この意味も、読み進めれば次第にわかってくると思います。

副業をオススメする理由

・好きなことで収入を得られる
⬇
続けられる

・ローコストで始めやすい
⬇
いつでも形を変えられる

・新しいアイデアがなくてもいい
⬇
成功しているところから活用できる

・収入を得ながら学び、
学びながら収入を得られる
⬇
技術が向上し、収入も上がる

多くの人がお金に殺される人生を選んでしまうのは、現在の日本の教育に大きな原因があると感じています。日本ではお金の稼ぎ方の授業なんてやってくれません。そのため、稼ぎ方を知らない人は、成功する未来を漠然と想像しながら、気づけば老後になってしまっています。

実際、今の高齢者の悩みの1位は、入れ歯や腰痛の問題ではなく、「あのときにやっておけば良かった」という後悔です。後悔でいっぱいの高齢者になる前に、皆さんはやりたいことをやらなくっちゃ！

そもそも、日本の教育は、「人と比べる」という教育です。幼少期からリレーや100メートル走で一等賞になって褒められた経験から「人に勝つと褒めてもらえる」と、潜在意識に刷り込まれていませんか？

ずっと人と比べて生かされた結果、人の目ばかり気にして隅に隠れて生きる日本人ができあがります。どれだけ時代が変わっても、本質は同じ教育方針のままです。天才として生まれた赤ちゃんが凡人化している原因は、99パーセント大人たちにあるという研究結果もあるぐらいです。子どもに平等に教育するために、個性を持った子どもたちを画一的に育ててしまうため、日本人は「他人の目を気にし、自分に自信がない」人が多くなっています。一方、マレーシアなどの海外では、「この子は絵本が好きなのね」「この子は運動が好きなのね」と、その子のアイデンティティを育てる教育をしてくれます。生まれ持って子どもは皆違う個性を持ち、大人の思い通りにならないのが当たり前なのです。はじめから「起立！　礼！　着席！　静かにしなさい！」と注意して静かにできる子どもがいたら、紹介してほしいくらいです。

さらに、今の日本は公園に行っても何で遊んでいいかわかりません。ボール遊びが禁止だったり、花火が禁止だったりして、花火を観たことのない子どもたちが多数存在するほどです。すると、子どもたちは家に帰ってYouTubeを観る。そして、子どもたちのなりたい職業がYouTuberになる。そりゃそうですよ。YouTuberは、やりたいことやって生きていますもん。

むしろ、サラリーマンになりたい子どもはどれぐらい存在するでしょうか？　朝早くから行きたくない仕事に行き、毎日同じ満員電車に揺られ、辛そうに帰ってくる姿を見て、「人生って辛いのかな？」と子どもたちは思わないでしょうか？　あなたが受けてきた教育は、あなたが幸せになるための教育ではなく、労働者になるための教育なのではないでしょうか？

今の日本は、ほとんどの人が「お金のために働く生活」を送っています。高校・大学・専門学校でさえも「就職率〇パーセント」と、就職することがすべてのように宣伝しています。

もちろん、日本の教育にも素晴らしいところはたくさんありますし、先生方は愛を持って対応してくれます。しかし、労働者を増やそうとする日本の教育方針に対して私は違和感を持っています。

確かに、サラリーマンが増えれば、会社の給料から税金が自動的に天引きされ、「経済的に豊かな国、日本」はできあがっていきます。しかし、そんな未来を子どもたちは望んでいるでしょうか？

難しいテーマについて個人的な価値観で書いてしまいましたが、副業がオススメな理由は、未来を担う子どもたちに「仕事って楽しいな」「人生って素晴らしいな」「好きなことで生きるって最高だな」と思ってもらえる姿を見せられることだと思います。

奴隷のような人生で終わるな

副業をスタートするにあたり、まずは何かに左右されたり、依存したりするのではなく、自らの意思で人生を動かす、自分の人生の支配者（オーナー）になりましょう。二本の足で力強く立ち、誰かに支配されない、思い通りの人生を送りましょう。自らが自らの人生の支配者になるのです。

お願いですから、奴隷にだけはならないでください。終身雇用もなくなり、年金も期待できません。本業が生涯を守ってくれる時代ではなくなりました。

せっかくなら、これを機に、好きなことをやったらいいのです。もっと気楽に生きればいいのです。過去にこだわるのではなく、もっと自分の人生にこだわったらいいのです。雇われることがすべてじゃないですし、ずっと周りを気にすることが人生じゃありません。ましてや、頭を下げ続けるのが人生ではないはずです。

あなたの人生は誰のものでもありません。あなた自身の手で最高の人生に仕上げていきましょう。

これを信じられなくなったら終わり

世の中で一番信じるべきことは、「自分の可能性」です。逆にいうと、それを信じられなくなったら、もう人生「おしまい」だと思っておいてください。自分の可能性を信じられないような人生だったら、生きたくても生きられない人たちに、その命を譲ってあげてほしいくらいです。あなたは自分が本当にやりたいことをやっていますか？

例えば、「昔はサッカー選手になりたかったけど、もう65歳だから無理だよ」という人がいたとします。人生の大先輩に申し訳ないですが、不可能と決めているのは誰でもなく自分自身ではないかと思うのです。だったら、65歳以上のプロサッカーチームを作ればいいじゃないですか。そんなおじいちゃんがいたら正直カッコいいですし、「うちのじいちゃん、65歳からプロサッカーチーム作ったんだぜ！」と、孫たちはきっと自慢します。他の子どもたちも人生って面白いなぁと思いますよ。

あなたの脳の中の妄想は、誰も奪うことができないのです。そして、妄想は無料です。この本を読んでいる間だけでも、まずは、自分の可能性をトコトン信じ切ってほしいのです。

あなたは何にだってなれるし、あなたはどこにだって行けるし、あなたはいつだって好きなことで生きていけるし、あなたは会いたい人に会いにも行けるのです。誰よりも、あなたがあなたの可能性を信じ切ることです。

どんな副業をすればいいのか？

スポーツ界に「スランプ」という言葉がありますが、あれは、原因の99パーセントがメンタルによるものなのです。そろそろ「もっと明確な副業で稼げる方法教えてよ」って思う頃かもしれないですが、メンタル・マインド面が整ってない状態で、ノウハウをお伝えしたとしても、上手くいってもストレス、上手くいかなかったらもっと深刻なストレスになってしまいます。メンタルに優れていそうなトップアスリートにも、通常のコーチとは別に「メンタルコーチ」という立場の人がつくぐらいです。

つまり、この本の1章目は、メンタルを整え、マインドセットを行うことを目的としています。あなたが今後、副業の壁にぶち当たったときは、1章だけを読み返してもらえればと思います。もちろん、副業で成功するための細かいノウハウも、後ほどどんどんお伝えしていきますのでご安心ください。

さて、「どんな副業をすればいいのか」ですが、「来世は何をしたい？」と、楽しく考えてみてください。「今の自分が副業を行う」と考えるからブレーキがかかるのです。

来世なら、何をして収入を得たいですか？

すべての職業の給料が同じだったら、あなたは何の仕事を行いますか？

副業がストレスになってしまっては元も子もありません。好きなことを思いっきりやって収入を得てください。たった一度の人生、誰の許可も必要ありません。

親の許可？

親が80歳まであなたの面倒をみてくれますか？

会社の許可？

80歳までみてくれる会社があったら紹介してほしいです。あなたが今どんなポジションだとしても、あなたが急に会社を辞めたら、ただ新しい人が入ってくるのが組織です。

別に、親や会社と距離を取ってくださいということではありません。親、会社、家族、環境、役目、立場、これらに無意識に依存してしまうと、発想にブレーキがかかりやすくなるということです。あなたの可能性を制限する権利は世界中の誰も持っていないはずなのです。望むものを手に入れるのが人生です。依存から解放されるためには、どんな人生にすべきか明確にする必要があります。あなたなら今からでも何だってできます。

さぁ、好きなことだけで呼吸する毎日にしていきましょう。好きなように、思い通りに生きられるのです。「来世は何をしたい？」そこから副業を考えてみるのはいかがでしょうか？

その「制限」はすべて嘘

結局のところ、「制限」と呼ばれるものはすべて嘘なのです。世の中が作ったハッタリです。それに気づけば、あなたが人生に望むものはなんだって手に入るのです。強い言い方をすると、制限するように洗脳されてきたのです。仕事は辞めちゃいけない、副業してはいけない、好きなことで生きるのは無理と、嘘をつかれているのです。

実は、人見知りや恐怖症も嘘だと言われています。騙《だま》されたと思って、信じてみてください。あなたがあなたを制限してどうするのですか？　可能性は1000でも10000でも1万でもなく、無限にあることを忘れないでください。誰もが想像もし得ないほどの可能性をあなたは秘めています。それを信じ切った人だけが望むものを手に入れるのです。

赤ちゃんのときには「制限」は存在しませんでした。赤ちゃんをもしも机の上に寝かせたならば、何のためらいもなく机から落ちます。制限がないからです。生まれてすぐの赤ちゃんに閉所恐怖症、対人恐怖症、高所恐怖症なんて存在しません。何らかの強いインパクトのある過去の出来事が、あなたを制限させようとしているのです。学校の先生や親に「一流の大学に行って、大手に就職しなさい」と言われ続けたり、「あなたはできない子ね」と言われてしまったりした経験はありますか？

それらは、全部嘘なのです。

あなたがもしも、プール付きの大豪邸に住んで、高級車に乗り、家政婦さんが居て、専属料理人が作る朝食の匂いで起きるような毎日を送りたいにもかかわらず、それが手に入っていない理由は、あなたが、あなたを制限しているだけなのです。

確かに「明日、宇宙に行く」など、イメージできないものは手に入りません。ただし、イメージできるものは〝すべて〟手に入れることができます。「1年以内に自転車を買う」なら、イメージできますよね？

「1年以内に自分のお店をオープンする」、これも1パーセントでもイメージできれば、100パーセントオープンすることが可能なのです（実際、お金を使わずともオープンする方法だっていくらでもあります）。

ただ、このようなイメージできるものが手に入らない理由はたった1つしかありません。それは、あなたが「言い訳」をしていることです。

お金がないから、時間がないから、自信がないから、守るものがあるから、会社が厳しいから、今はプロジェクトリーダーだから、親の介護があるから、妻に叱られるから、そういう環境が整っていないから、体調が悪いから、周りの目が気になるから、面倒なことは嫌いだから、目立ちたくないから、普通の人生がいいから……などなど、自分の人生に傷がつかないように、自分で保険をかけて、怪我をすることなく人生を終えようとするのです。

そんな人生を送った先、死ぬ寸前に鏡の前の自分に向かって、なんと話しかけますか？

「私の人生は、普通の当たり障りもない人生だったな」で、後悔はないでしょうか？

「この人生に何1つ悔いなし！」と言ってみたくないでしょうか？

気づかずにされていた洗脳からあなたが解放されればいいだけなのです。坂本龍馬、アップル創業者であるスティーブ・ジョブズ、テスラのイーロン・マスクなど、制限が嘘だと気づいた人が、世の中を変える偉人となっています。

どれだけ言葉を並べても、目の前が崖だったら、足がすくむ気持ちはわかります。しかし、この本を読んでいるとき、ワクワクしているとき、これからのことを考えるとき、この〝考えるとき〟だけは、せめて制限をかけないでください。

改めて同じ質問をもう一度します。

「来世は何をしたい？」

コップの水を減らさないと、新しい水は入らない

目的を持って始める前に、成功者は最初に「覚悟して何を捨てるか」から始めます。決断とは「決めて」「断ち切ること」と書きます。何を断ち切るかが重要です。決断の数と決断の早さが運命を変えると言われており、とにかく決断を繰り返すことが成功者の共通点です。

例えば、「金輪際もうタバコを吸いません」と決断すれば、生涯の健康状態は変わるでしょう。1つ大きな決断をすれば、人生の角度が1度以上変わると言われています。たった1度変わるだけでも、10年後の方向はものすごく変わっていきます。

この本を手に取ったということは、何らかの「変化」を望んだからだと思います。この「変化」を起こすためには、「決断」すればいいだけです。

それなのに、ほとんどの人が自分の価値観を手放さないまま新たに学ぼうとします。結果、頭では理解していても、何1つ変化を起こせません。あなたが今の価値観を手放さない限り、あなたの現状に変わりないのです。

水の入ったコップをイメージしてみてください。ほとんどの大人たちはコップに水をタプタプに入れながら忙しく生きています。このタプタプのコップに、新たなことを学ぼうと水を注いでも、もう十分に水が入っているため、新しい水はほとんど混じり合わず、ただただ水が溢れるだけです。

何かを学ぶときは、一度コップの水を捨てなければなりません。最初に捨てるべきなのが「価値観」です。これには相当勇気が必要なのですが、価値観を早く手放して素直に学べる人が成功を手にしやすいのは間違いないことです。

ちなみに、あなたは、「お金」「時間」「人間関係」「健康」「感情」、これらのいずれかに悩んでいますか?

ほとんどの人が「お金」と「人間関係」に悩んでいると答えると思います。この5つ

古い価値観を捨てないと新しい価値観は吸収できない

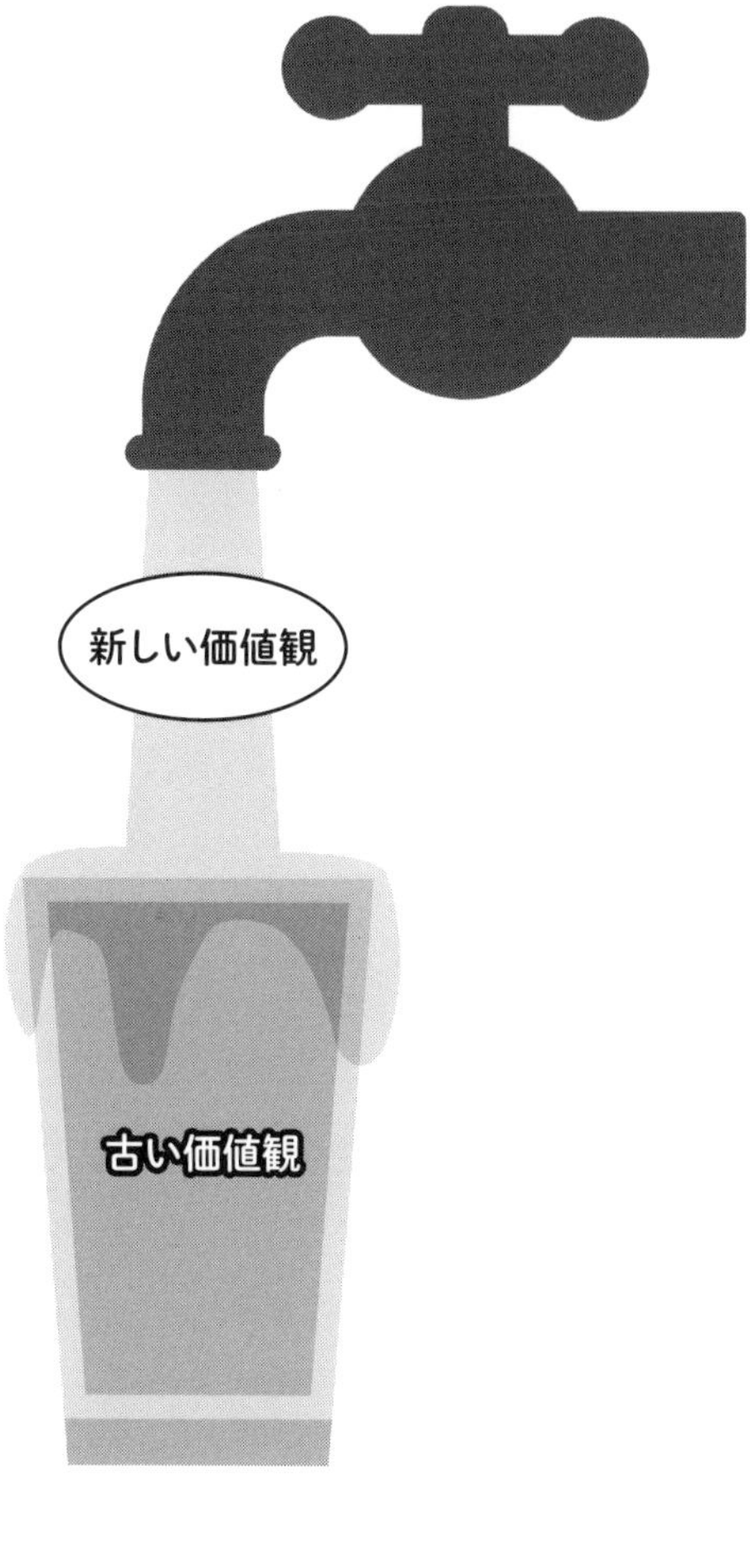

は、人生をマスターするために必要な5つと言われており、1つだけでは人生をマスターしたとは言えず、すべてをマスターする必要性があります。例えば、「お金」「人間関係」で悩む人は、「自分の価値観が正しい」と信じているから悩み続けることになります。厳しい表現ですが、それは今までのあなたの考え方が間違っている証拠です。そのままのあなたで、悩みは改善されるでしょうか？　愛を持って伝えますが、何らかの変化を望んでいるのであれば、まずは自分の価値観を手放す決断をしましょう。

価値観の手放し方は簡単です。判断基準を「今までのあなたなら、こうする」ではなく、「成功者の価値観では、このように判断する」と考えてみてください。コップの中が空っぽになったあなたは、どんな水を注ぐことも選択することができます。

あなたも「より豊かな人生を送るための副業」という水を注いでみませんか？

お客様ファーストって何？

前述の通り、ビジネスとは問題解決で、「ありがとうの数」です。つまり、そこに必ずお客様が存在します。「いや、僕はネットを介して販売しているので、関係ないです」という人も、そのネットの先で購入しているのはお客様です。これは副業、さらにはビジネスにおいて絶対的なことなので、変えることはできません。

ここで、勘の良い人ならお気づきだと思います。副業・ビジネスとは「お客様を満足させたもの勝ち」なんです。副業が上手くいかないと言っている人の問題点はすべて、ここにあります。お客様を第一に考えれば、必ず解決策が出てきます。一番多い失敗のパターンが、自分のスキルを優先したい人です。好きなことで始めた副業だから、自分のスキルを存分に使いたい気持ちはわかりますが、その対価としてお金を払うのはお客様なのです。副業をしていくと、「この商品をどう改善しよう」「どのように差別化しよう」と考えようとしますが、この考えには「お客様」のことが抜けています。自分の売りたいもの、自分のスキルから考えるのではなく、お客様が何に困っているのか、どのように解決するかから考えること、これがお客様ファーストです。お客様を最優先に考えましょう。

アメリカの天才マーケッターであるジェイ・エイブラハムは「**商品に惚れるのではなく、顧客に惚れなければなりません**」と言いました。ディズニー創業者のウォルト・

ディズニーは、「**自分たちのために商品をつくってはいけません。人々が求めているものを知って、人々のために商品をつくりなさい**」と言っています。さらに、スティーブ・ジョブズは「**美しい女性を口説こうと思ったとき、ライバルの男がバラの花を10本贈ったら、君は15本贈るかい？　そう思った時点で君の負けだ。ライバルが何をしようと関係ない。その女性が本当に何を望んでいるのかを、見極めることが重要なんだ**」と表現しています。まさに、お客様ファーストな考え方です。

自分のスキルを優先させたい気持ちも、とてもよくわかります。カメラが好きでカメラを始め、ある程度上手くなってカメラで副業し始めたとしたら、自分のスキルに頼りたくなるでしょう。

ただ、お客様はメーカーや、レンズ、ボディへのこだわりなんて求めていません。極端に言えば、こだわりの機材をアピールする人は、お客様に向かって「私は風景写真が好きなので、もっと後ろに下がってもらっていいですか？」と伝えているように見えます。お客様には何を望んでいるかを最初に聞かなければならないのです。

地球上にあるさまざまな問題はなくなることはありません。つまり、副業も問題の数だけあり、1つに絞らなくても問題ないのです。本業の場合、上手くいかないときも続けなければならず、依存しがちになってしまいますが、副業の場合は、お客様の困りごとから考えれば、いくつもの副業を持つこともできます。

例えば、「どうしてもカメラで副業をしたいんだ!」と考える人は、副業で成功しづらくなります。無意識にお客様のことが抜けているからです。カメラも1つの手段です。副業はすべて、手段の1つでしかありません。依存から自立するために始めた副業で、自分の首を絞めては意味ありません。

ちなみに、手段の対義語をご存じですか?

辞書を引けばわかりますが、「手段」の対義語は「目的」なのです。

手段に生きる人生と、目的を持って生きる人生、どちらが、ぶれない人生になると思いますか?

全人類の人生の目的は「幸せに生きること」です。人生の目的は決して「お金を稼ぐこと」ではありません。幸せに生きるための1つの手段としてお金を稼ぐということです。人生の目的をお金にしてしまうとお金の亡者になってしまいます。もし、「10億円渡すので一生牢獄に入っていてください」って言われても嬉しくないですよね?

どのような副業をしても問題ないですが、その業種に依存しないでください。お金を稼ぐことに依存せず、お客様の問題を解決し、ありがとうの数を集めること、それがあなたの幸せに繋《つな》がります。お客様ファーストが無意識に習慣づけば、あなたの副業は、必ず安定すると断言できます。

やりたいことだけやって成功する方法～委任～

副業で最も失敗する人は、自分1人で何でもしようとする人です。副業は「何でもできます」ということではありません。「何でもできます」ははっきり言って「結果的に何もできませんでした」と同じです。器用貧乏になってはいけません。

「私は何もできません」と最初から自分を認めていけば、誰かに頼ることができます。あの経営の神様である松下幸之助は、小学校中退だったため、中学校を卒業した人たちを尊敬していたとのことです。また、松下は身体が弱く、生涯の半分が寝たきり生活でした。そのため、「自分には何もできない」からスタートし、人に頼ることを徹底した結果、あれだけの偉業を達成させました。つまり、自分自身を「無能」と認めることこそが最高の「有能」なのです。

「競争社会」はもうとっくの昔に終わりました。これからは「協力社会」です。それは、みんなで手を取り助け合うことです。例えば、1億円が欲しいとして、足し算で1億円にたどり着くのは、相当大変ですが、掛け算ならどうでしょう？

あっという間に1億円です。どんな上場企業の社長さんも、どんな世界的な成功者も自分1人でのし上がったわけではありません。

では、どうすればいいでしょうか？

それは、「あなたにしかできないこと」以外はできる限り委任することです。最初からすべてを委任するべきとは言いませんが、「作業」と呼ばれるものは、少しずつ委任しましょう。デザインはデザイナーに、マーケティングはマーケッターに、文章はライターに、税務は税理士に、法律は弁護士にと、最初からすべてを委任するイメージを持っておいたほうが間違いなく成功します。

漫画の『ONE PIECE』を想像してみてください。主人公のモンキー・D・ルフィは最初から海賊王になるイメージを持っています。誰にバカにされても、それはぶれることはありません。そして、仲間たちに委任し、仲間のためにも頑張れるようになっていきます。あなた1人がどれだけの成功を収めても、1人ぼっちのお祝いは楽しいでしょうか。仲間と一緒に目標を達成し、祝杯する飲み物は、世界で一番美味しいドリンクでないでしょうか。

どうか、1人で抱え込まないようにしてください。まずは、頼る練習からです。あなたが持っている魔法の言葉は「お願いします」なのです。この言葉を常に頭に置いてください。

あなたの副業は、誰に頼って成功させていきますか？

副業は自分のお金でやらないこと

これも聞いたら、驚く人が多いと思いますが、副業は自分のお金でやらないほうが成功しやすいのです。自分のお金でしようとするから、すぐに欠乏マインドが制限し、どんどんどんどん小さく狭く物事を考えしまい、結果的に、上手く回っていかなくなります。

例えば、日本政策金融公庫の融資を受けてみましょう。これを「借金」と思うかもしれませんが、融資なしで大きくなった会社は、どこに存在するでしょうか？　大きなビジネスをしている人ほど、大きな融資を引っ張ってきています。そもそも大きな融資を引っ張るためには、それだけの信用が必要なのです。その上で、日本政策金融公庫が入り口としてオススメな理由は、銀行よりも最初は融資が通りやすい点と、担当者が事業計画などを指摘してくれる点です。担当者が指摘してくれるところは、自分の副業の事業計画の弱いところであるため、無償でコンサルしてくれていることと同じです。そこを見直せば、あなたの副業の改善点が見えてきます。何百社と見てきた融資担当者が、どこか危ない、怪しい、おかしいなどと感じた場合、審査を落とすわけです。厳しい言い方をすれば、融資が下りないビジネスは、そもそもビジネスとも呼べません。利益が出ており、成長性が見込めて、安定性が見えていれば、必ず融資は通ります。そうして、大きなお金を手に入れてから副業を行ったほうが、考え方が欠乏しづらくなります。より副業を加速することができます。

副業が失敗したらどうしようと思うかもしれませんが、日本は「飢死できない国」であることを知っていますか？

日本は餓死ができないすごい国なのです。もし、あなたが成人で、これでもかというぐらい借金をしたとします。そこで大失敗しても、「自己破産」というカードを日本国民は平等に持っています。さらに、「自己破産」し、生活できなくなっても「生活保護」を申請さえすれば餓死せずに済むほどの金額をもらえます。これは、「それぐらい借金しろよ！」という意味ではなく、「生活保護があるからオススメだよ！」という意味でもありません。あなたを含めた国民みんなが支払ってきた税金によって命が保証された国にいるのだから、思いっ切り全速力で走ればいいのではないかということです。お金にコントロールされる人生はもうやめにして、お金をコントロールする側になればいいのです。

「量」ではなく「質」の時代

重労働によって一日で得られる収入と、たったワンクリックで得られる収入の違いは、発想の質の違いだけです。汗水垂らして仕事をすることが悪いということではありません。行動の量によって身体に負担がかかると、同時に「充実感」を味わうことができます。「めちゃくちゃ仕事したわー！」という感覚です。ただ、これによって錯覚を起こし、仕事の内容に満足してしまう人が多いのです。得られる収入が低くても、本当にそれで満足できますか？

例えば、あなたが大阪から東京に行く予定がある場合、自転車と飛行機のどちらに乗りますか？

自転車のほうが目先のコストがかからないにもかかわらず、ほとんどの人が飛行機だと答えますよね。当たり前の判断だと思うかもしれませんが、副業で上手くいっていない人は、気づかずに自転車に乗ることを選択していることと同じなのです。もし、すごく良い広告媒体があり、掲載すれば、ものすごい売上が出る可能性が高いとしましょう。しかし、副業で上手くいかない人たちは「広告はコストがかかるからやらない」と拒絶し、「まずはコツコツとコストをかけずに行い、いずれ広告も視野に入れる」と判断してしまいます。

これが自転車に乗ることを選択した人から見えている世界であり、この考え方だと、「いずれ」は一生やってこないでしょう。確かに飛行機のほうがコストはかかります。

ですが、圧倒的に目的地にたどり着く時間が早まります。この当たり前のことを、副業で上手くいかない人は気づけないのです。思った結果にたどり着かないのは、あなたの集客の仕方が悪いのではありません。あなたの発想の質を変えなくてはいけないのです。

自転車の乗り方を変えても、早くなりません。自転車をどれだけ改良しても、同じです。最新の自転車を買っても、やはり同じです。「あの人が乗っている自転車ってカッコいいなぁ」と憧れても、東京へ行くまでの時間はあなたと同じです。勇気を持って、乗り物を替えましょう。それは今まであなたが乗ったことがないスピードを出す乗り物です。乗るのに不安もあるでしょうし、疑いも持つでしょう。

しかし、成功者が皆、その乗り物に乗っていたら、あなたはどうしますか？

自分の過去に囚われ、こだわりを強く握りしめながら、「私は自転車派です」と時代が変わっても言い続け、似たような自転車に乗る人たちと、その自転車について熱く語らうことに満足を感じるだけでいいのですか？

飛行機の存在を知りながら乗らない人生で、本当に後悔がないでしょうか？

これが、上手くいっていない人は、自分の価値観で制限をかけていることに気づけ

自分の価値観で制限をかけていること

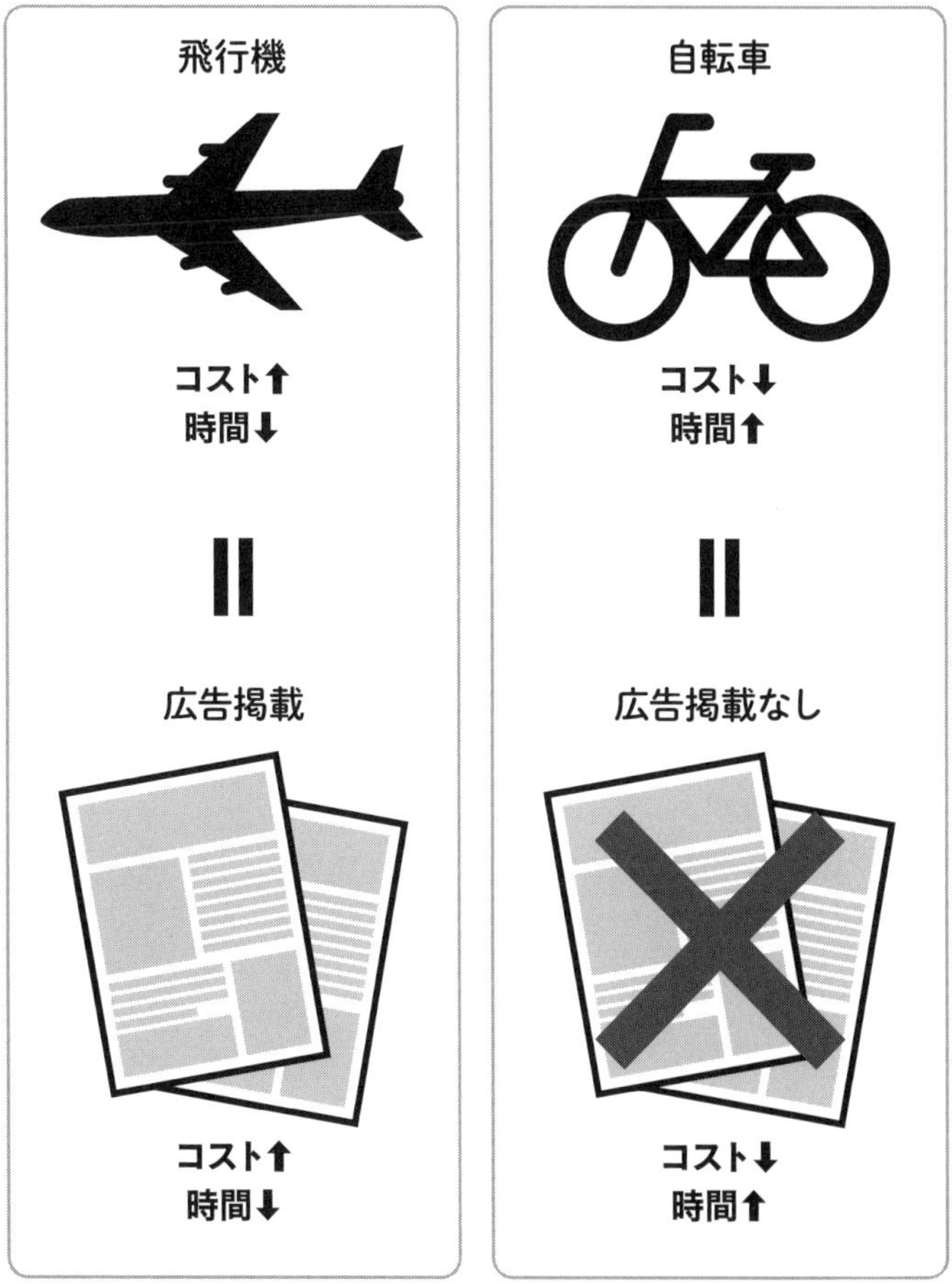

ていないということなのです。成功者には共通点が存在します。

成功者の家を想像してみてください。どんな家を想像しますか？

恐らく「ゴチャゴチャしていない」家をイメージするかと思います。成功者の家は、とにかくシンプルです。必要なものと、必要ないものを瞬時に決断し、ポジティブに、素直に、望むものを手に入れています。

副業で成功している人と、あなたとの違いは何でしょうか？

あなたにとって、降りるべき自転車とは何ですか？

どのような飛行機に乗りますか？

その分野のドンになる

自らの命よりも強い力をあなたも持っていることを知っていますか？

それは「アイデンティティ」の力です。「あなたは何者なのか」がわかると、自らの命よりも強い力が生まれるということです。

例えば江戸時代。侍として、してはいけないことをしたとします。そうすると、「侍たる者、このようなことは許されぬ。切腹致す！」と言って、本当に自害します。他にも、「大日本帝国万歳！」の時代では、「お国のためなら！」と片道の燃料のみで敵陣へ突っ込んでいきました。

これらは、アイデンティティの力を信じ切った人のエネルギーの高さの現れです。人間が秘めている、このアイデンティティの力を副業に上手く活用すればいいのです。

それは、アイデンティティにポジティブで強いエネルギーがある言葉を入れるのです。例えば、あなたが副業で英語を教えているとします。そのときに、「私は、英会話の達人」と言い続けるのです。どれぐらい言い続ければいいかというと、あなた自身が違和感なくなるまで言い続けることです。

例えば、商品名が「グッド英会話」の場合と、「英会話の達人」の場合だと、どちらに依頼が来るかわかりますよね？

その商品名に触れた人が「英会話＝あなた」と覚えてくれれば、お客様になってくれ、そのエネルギーもどこかへ拡散していくでしょう。自分自身も「達人と名乗る者が、不安を感じていてはダメだ！」と、自分を奮い立たせることができます。達人でなくても、「日本一の●●」「世界一の●●」「●●業界のドン」「地域に愛される●●」「プロの●●」など、ポジティブな言葉なら何でもいいです。これはもちろん、人には伝えなくてもいいのです。伝えるほうがより良い影響力を及ぼしますが、大切なのは自分自身に違和感がなくなるまで言い続けることです。

違和感がなくなるまで言い続けた結果、もう、そのアイデンティティが手に入った感覚に陥ります。これを「実感値《じっかんち》」と呼び、アイデンティティが手に入った状態で生きられるようになります。まさにゴールにたどり着いたような感覚です。

どんな偉人や成功者も、この感覚を先に手に入れることによって、「英会話の達人ならば、このような決断をしよう」と決断力が備わっていき、実際に、達人となっていくのです。

フィギュアスケートの羽生結弦選手は、ソチオリンピックの行きの飛行機内で、完璧な演技で金メダルを手に入れるイメージがあまりにも鮮明に想像でき、飛行機の中で涙したといいます。結果、ソチオリンピック本番では、イメージした演技を確実に行い、金メダルを獲得しました。さらに、すでにイメージしていたので、本番は感動が薄れていたと言っていたほどです。成功者は現実と区別がつかないほど鮮明にイメージし、それが手に入る感覚を持っているのです。

これは副業だけに限ったことではありません。例えば「子どもたちにとって世界一のパパである」というアイデンティティがあれば、「世界一のパパたる者が、人生を悲観的に見せてはいけない！」とエネルギーが湧いてくるのです。

あなたは、どのようなポジティブで強いエネルギーがあるアイデンティティを獲得し、それを手に入れた実感値として、どのようなことを鮮明にイメージしてみますか？

人間がコントロールできるのは「心構え」

どんな人にもコンプレックスが存在します。例えば、お笑い芸人さんは、そのコンプレックスを笑いに変えて表現します。これは、「心構え」が他人に奪えないことを意味しています。誰かに傷付くようなことを言われても、傷付くか傷付かないかは、あなたしか選べないのです。全く同じ出来事が起きても、「私は運がない」と言う人と、「私はついている！」と言う人では、選択している「心構え」が違うだけで、結果が全く異なっていきます。

「心構え」はカメラのレンズと同じです。レンズ自体が曇っていれば、撮った写真は曇った写真となります。レンズ自体が黒ずんでいれば、撮った写真も黒ずみます。逆に言えば、もし、目の前の景色が暗い景色だとしても、レンズを明るいレンズに変えれば、明るく写真を撮ることができます。あなたは、この「心構え」のレンズを多数所持しているのです。

お客様からクレームが来たとしても、誤って注文をたくさんしたとしても、上手くいかないことが続いたとしても、あなたがどのようなレンズをつけるかは、あなたにしか選べられないのです。

そして、副業・ビジネスで成功するために必要な心構えが、「積極的心構え」です。率先して、ポジティブに大胆な行動をすることです。人は過去の経験から、無意識に「消極的心構え」のレンズをつけようとします。その考え方が、ネガティブを生み出し、自己否定やブレーキへと繋がり、上手くいかない方角へ向かうことになります。どんなときでも前向きな姿勢を貫き通す人と、どんなときでも後向きで自己否定する人とでは、人はどちらについて行きたくなり、どちらの商品が売れるでしょうか？

過去の成功者たちは、この「積極的心構え」によって、時代を変えてきました。そして、あなたは本章を読んだことで、「恐れ」や「恥ずかしさ」で選択せず、すべての制限を取っ払い、自分の可能性を信じ切り、命よりも強いアイデンティティを持つことができました。「積極的心構え」を持つことも可能です。あなたは、もう無敵なのです！

この状態を保ちながら、いよいよ、副業を成功させていく方法を第2章で具体的かつ、明確に伝えていきましょう！

第2章

これからの時代を生き抜くための副業

実は副業全面的禁止は法律上許されていない!?

実は副業は合法であり、いかなる就業規則等でも、会社が従業員の副業を全面的に禁止すること自体、法律上許されません。これは、どのような業種でも同じです。

本来、従業員は会社との雇用契約によって定められた勤務時間にのみ仕事を行うのがルールであり、就業時間以外は、会社とは関係のない私生活に使うことができる自由な時間なのです。

ただし、副業禁止が有効になるパターンも存在します。本業に影響が出るほどの長時間の副業の場合や本業と副業が競業関係になる場合、本業の信用を失わせるような副業の内容の場合などです。

要するに、本業が疎《おろそ》かになってはいけないということです。副業が原因で寝不足になり、遅刻してしまったり、仕事中に居眠りをしてしまったりするなど、本業にマイナスの影響をもたらすことはやめましょう。裁判所も就業規則で副業を許可制とすること自体は認めており、就業規則で許可制になっている場合、会社に副業を届け出て、行うのが一般的です。

ただ、どうしても会社に副業を言いづらい環境であったり、周りの従業員も副業を公にしていなかったりする会社の場合は、会社に副業をしていることをオープンにしないままという選択肢もあります。副業分の住民税の納付を普通徴収にする点などに気をつければ、副業が発覚するリスクは小さいと考えられます。

副業自体は合法ですから、本業に悪影響がない副業の場合は、届出が漏れていたからといって、懲戒解雇のような重い処分には相当しないと法的には考えられるようです（その場合、前述した副業禁止が有効になる3つのパターンには必ず注意です）。

そもそも、会社は副業をすることによって本業に対する集中力が分散されることを恐れているから、副業を認めたくないのです。あなたが副業することによって、本業にもプラスになると会社に伝えれば、会社側も真剣に考えてくれるはずです。

例えば、「社長、私に副業の許可をお願い致します。その代わり、副業を認めていただくことによって、私はさらに本業での能力を高め、仕事に対する集中力、同じ従業員たちに対するリーダーシップを発揮し、この会社にプラスの影響力を与え続けながら働くことを確約します」と発言できれば、副業を許可したほうが生産性が高まると、私なら考えます。安心して副業をするためには、本業に対する敬意を忘れずにいることが大切です。

それでも不安な方は、一度、「副業禁止」「副業合法」などのキーワードでいろいろと検索してみてください。その道のスペシャリストが、過去の裁判での判決を元に、細かく説明してくれています。

「副業は会社的に絶対無理！」と思っていたかもしれませんが、副業は合法的に可能なのです。

どうすれば、得意なことで収入を得られるか？

例えば、あなたが絵を描くことが好きなら、絵を描くことを副業にすることもOKです。でも、実は後に副業として成功する人の多くは「絵の描き方を教えるという副業」を選択します。

野球選手以外に野球で食べていく方法の一例

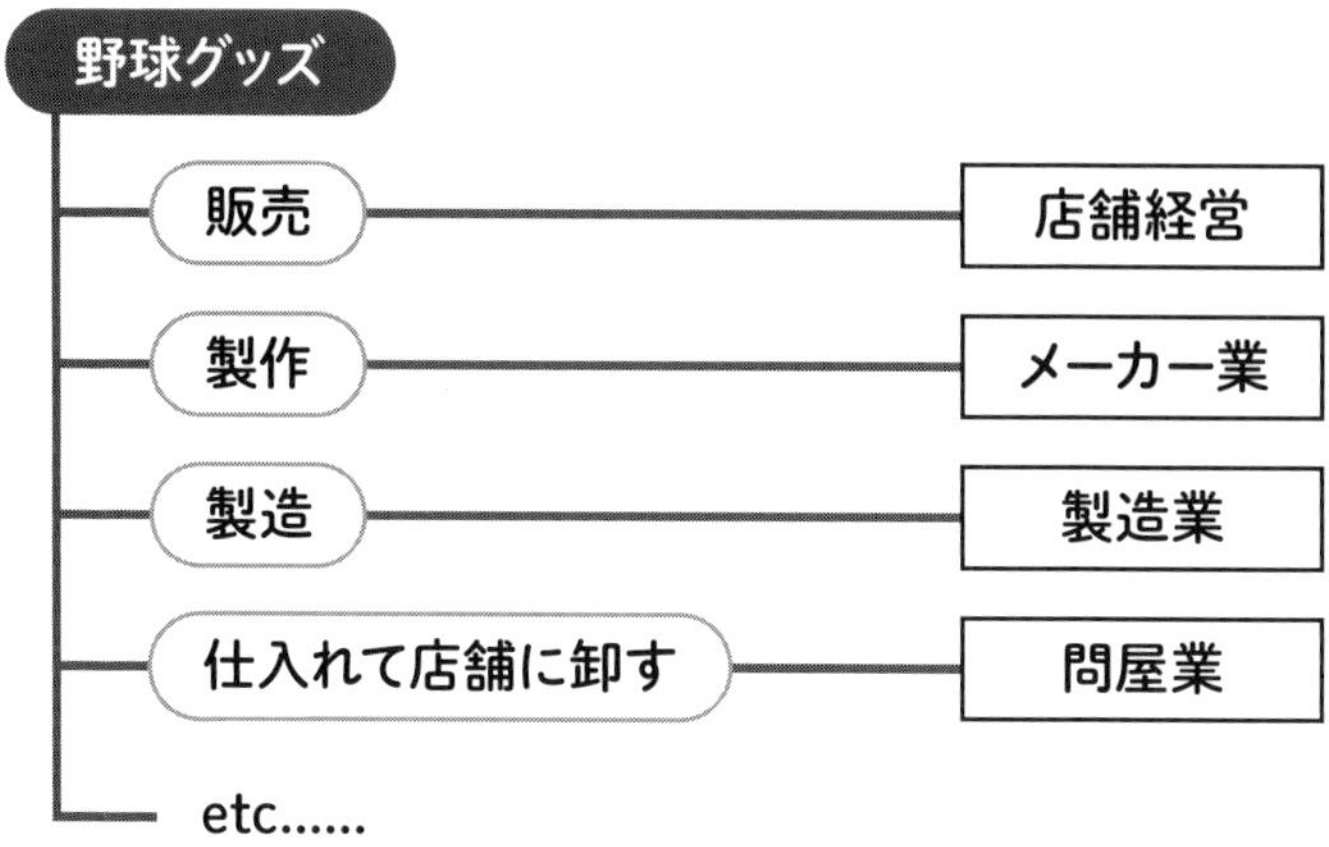

確かに野球の場合でも、みんな小さな頃は野球選手になりたくて頑張ります。しかし、みんながみんな野球選手になれるわけではありません。

では、野球で食べていくことをあきらめますか？

実は選手以外にも方法はたくさんあるのです。

・野球グッズ販売
・野球グッズ製作
・野球グッズ製造
・野球グッズを仕入れて店舗に卸す

他にも野球監督になる、野球チー

ムを作るなど、さまざまな手段があります。ただ、このようなビジネスをやったことがなければ、イメージは、なかなかしづらいかもしれませんよね。そんな中、オススメなのが、自分の得意なことを「教える」という副業なのです。

そう提案すると、すぐに「私はそこまで上手くありません」という人が多いのです。違います。あなた自身が商品なのです。上手い人から教わりたい人もいれば、そこまで上手くなくても優しい人から教わりたい人、家から近いところで教わりたい人、お得な料金で教わりたい人、いろいろな人がいるのです。何より、お客様が望んでいる結果に全力で導くことができれば、それでいいのです。お客様が望んでいるのは、こちらのスキルが上がることではなく（もちろんお客様満足のためにスキルアップも大切です）、お客様のスキルが上がることです。

実はあまり知られていませんが、あのアップルを創ったスティーブ・ジョブズは、プログラミングができませんでした。世界トップクラスのＩＴ関係会社の創業者でさえも、プログラミングができないのです。自身の技術が高ければ成功するわけではないのです。ここまでは、他の副業の本にも書いているかもしれませんが、この本では、さらに気持ちが軽くなる方法をお伝えします。

実は、この「教える」ことさえも、委任してもOKなのです。自分でやろうとするから、すぐにしんどくなってしまいます。上手い人を見つけてきて、その人へのギャランティを払えば、あとはオーナーとしての立場としてのギャラ、それらをすべて含めて商品の販売価格とすればいいのです。

好きなこと・得意なことで副業をする→さらに得意な人に業務を委任する→結果、自分も学びながら収入を得られる＝毎日ワクワクしながら生きられる

すみません。愛を持ってズバッと言いますね。

今までずっと1人で副業してきたあなたへ。そろそろ本気で誰かに頼ろう。あなた1人では自分で思っているよりも、何もできません。経営も下手だし、集客も下手だし、考え方も何もかも下手です。だから、上手い人たちに頼るのです。そうすれば、一気に世界はもっと広がります。あなたがまだ出会っていない世界は、とてつもなく広い。そのためにも、恐いかもしれないけど、もっと頼ろう。そうすれば、道は開けます。

「教える」という副業

ただ、「流れを摑むまでは自分でやってみたい！」という人もいるかもしれません。

もちろんそこからでも大丈夫です！

ただし、お客様が増えすぎたり、対応しきれなくなったり、もっと上を目指したくなったときのために、「委任」を頭に入れておきましょう。では、ここでは「教える」副業についてお伝えします。

オススメは、「ストアカ」というサービスです。誰もが簡単に先生になって、お客様に教えることができるサービスで、ここに登録するだけで、簡単に自分の得意なことで副業することができます。


教える強みは、左の３つが挙げられます。

▼学びには終わりがない
▼教えることによって自分もさらなる学びとなる
▼学びに標準価格は存在しない

自分が販売する側だと、すぐに安売りする人がいるのですが、例えば、あなたが専門学校で数年間、音楽を学んできたとします。その専門学校でかかった学費を含め、今までに音楽に費やしたお金や時間を考えれば、そこには物すごい価値が存在すると思いませんか？

恐らく今までにかかった費用は、数百万円に上るでしょう。これだけの費用を使って学んできたものを、安売りする必要はないのです。

もう、自分を過小評価するのをやめましょう。今までに十分、学んできたし、お金も十分費やしてきました。今のあなたからこそ学びたいという人たちが世界中に大勢いるのです。

では、どのような値段設定をすればいいのでしょうか？

販売価格の3倍以上の価値を提供できる値段

商品の値段を決める場合は、購入したお客様に、その値段の3倍以上の価値を提供できればいいのです！

例えば、ディズニーランドのチケットを買うとき、入園する前は結構高いと感じるかもしれません。

しかし、入園してみると、その価格の何倍もの価値の感動を得て帰ってきますよね。結果、買う予定じゃなかったグッズまで買って帰るなんて人、周りにたくさんいませんか？

お客様が価格の3倍以上の価値を感じられれば、間違いなく、その商品は一気に広まります。例えば、「ギター初心者が作曲できるまで講座10万円」という商品があるとします。一見高く感じますが、お客様が結果的に30万円以上の価値を感じてくれれば、「こんな素晴らしいサービスが、たった10万円でいいんですか！」と、口コミをしてくれます！

高額商品を売るのが得意な人はこの原理を理解している人たちです。そもそも、「100万円の商品は売ってはいけない」と誰が決めたのでしょうか？

100万円の商品であっても、お客様に300万円以上の価値を提供することに集中すればいいのです。

ただし注意点は、3倍の価値を提供するために、なるべくお金はかけないことです。お金をかけて満足度を上げても、利益が下がってしまいますよね。

では、どうすればいいのでしょうか？

現代において、3倍の価値を提供するためにオススメなのが、お客様が望んでいる「動画」をプレゼントすることです。YouTubeに「限定公開」という設定で動画をアップし、その動画のURLを持っている人のみに動画を閲覧してもらうのです！

スマートフォンで簡単に撮影ができますし、もちろんYouTubeへ動画をアップするのも完全無料です。しかし、購入者限定特典としてプレゼントすれば、お客様の満足度は一気に高まります！

アンケートなどを毎回取って、お客様の要望などを聞いていき、それを動画で追加でアップしていく方法などもオススメです。

一度撮影した動画は、今後、他のお客様にもお送りすることができるので、どんどんお客様満足度が上がっていきます！

つまり、「教えること」も「動画」も、販売している商品は「情報」なのです。この「情報」は価値がわかる人にとっては、とても価値があります。さらに、「情報」の標準価格は存在しません。オークションのようにお客様側で値段を判断していただけるのです。

あなたの技術が最上級である必要もありません。例えば、「世界1位のダンスの先生から学ぶダンス講座in東京」「ダンス歴20年のベテランダンサーが教える上級者講座」「ダンスは正直上手くないのですが……初心者の方を踊りに自信を持てるところまで徹底的にサポートすることをお約束します」という3つの講座があるとします。

この3つはどれも需要がありますが、私なら③が一番売りやすいです。ダンスの上級を目指している絶対数より、ダンスに自信を持ちたいと思っている絶対数のほうが多いと考えられるためです。

世界一のダンサーと争う必要はないのです。大事なのは、お客様の問題解決にフォーカスすることです。

あなたのお客様が望む、3倍以上の価値提供とは何でしょうか？

自分を商品にして、人生100年時代を生き残る

「人生100年時代」という言葉をご存じでしょうか？

人生100年時代とは、医療技術などの進歩により、人間の寿命が約100年間に伸びることにより、私たちのライフプランだけでなく働き方にまで多大な影響があることが予測される、新しい時代のことです。

長寿大国である日本は、まさに今、人生100年時代の入り口に立っていると言っていいでしょう。100年時代に突入すれば、これまでのような大卒で就職して働き、60歳前後で引退して、あとは余生を送るというライフプランそのものが大きく変更を余儀なくされる可能性があります。

そのような人生100年時代にどんな商品を作れば生き残れるか、わかりますか？

結論からズバリ言いますと、それは「自分」です。

人生100年時代を生き抜く商品は、ドローンでもVR（バーチャルリアリティ）でも、最新型のタブレットでもなく、あなた自身なのです。

考えてもみてください。現代は、すでに終身雇用のシステムが崩れ、会社に就職しても「一生安泰」とは言えない時代です。仮に大手企業に就職できたとしても、合併・吸収されたり、倒産したりする時代なのです。もう誰も10年後がどんな状態になるか、正しく予測できない時代になったと言ってもいいでしょう。

世界のトップを走っている企業が現在最も売っている商品であっても、10年後にどうなるかは誰にもわかりません。日本を代表する企業トヨタですら、将来的には車を所有する人が少なくなるという未来予測に基づいて経営方針を変えているのです。

そのような先行きが不透明な時代に、既存の商品に依存することは危険です。その商品が、あるとき突然売れなくなることだって十分あり得るからです。

それでは、世の中の状況がどんな状況になっても売れる商品とは何か。それが「自分」です。

かつては商品を宣伝しようとした場合には、テレビCMや、新聞の折り込み広告、ラジオの広告を流すなどにはそれなりに多額の予算が必要でした。そのため大手企業が圧倒的に有利だったわけです。

しかし、あなた自身を商品とするなら、現代にはフェイスブック、インスタグラム、YouTube、ツイッター、メルマガ、ブログ、最近ですとクラブハウスなど、無料で使えるツールが山ほどありますから、個人でも大手企業に勝てる影響力を持つことができ、誰でも世の中の問題解決ができるわけです。企業の力を借りなくても、あなた自身がリーダーとなれるわけです。

自分を商品にするということが、あまりイメージできない人もいるかもしれません。例えば、YouTuberなどがわかりやすいと思います。一個人が自分の力で有名になれる時代になってきているのです。

あなたがあなた自身をプロデュースして、何かを発信するだけでいいのです。情報そのものが価値を持っている場合であれば、何か別の商品を売るための宣伝として知名度を上げるために、まずは自分を商品にするというのでもいいと思います。

メディアの世界でも、タレントは所属事務所がプロデュースする「商品」です。それをあなた自身が事務所を介さずに、自分で自分をプロデュースして商品として売り出すということです。あなたが事務所の経営者であり、マネージャーであり、ディレクターでもあるのです。

あなた自身を一タレントとして、どのようにプロデュースして商品価値を上げていけばいいか、と考えてください。

そう聞くと、「自分を商品にするためには本名で顔を出さないといけないの？」と逃げ腰になる人がいるかもしれませんが、今の時代、本名を出さず、顔も出さないVチューバー（仮想ユーチューバー）という存在もいますし、ミュージシャンだって顔を出さなくても売れる時代ですから、心配は無用です。どんなスタイルだって、自分を商品として売り込むことは可能です。

ただし、自分を商品にするときには、絶対に気をつけなければいけないことがあります。それは、「お客様目線で考えること」です。

あなた自身が、あなたのエゴのため、あなたのスキルを生かすため、あなたの利益のためだけに、自分を商品にするのではなくて、あなたのお客様になってくれる人たちの立場に立って、彼らがどうすれば喜んでくれるかを軸に考える必要があります。

そうしなければ、あなたは自分を商品として正しく売り込むことができません。考えてみてください。

企業は、自分たちの商品を売り込むときに、お客様目線に立ってはいないでしょうか？

これは政治家に置き換えるとわかりやすいです。

政治家が良いか悪いかはさておき、国民の投票がないと政治家になれないため、国民の声に耳を傾け、それを政策として掲げ、当選します。

このように、あなたがお客様の問題に耳を傾け、そこを解決する商品となるか、もしくは、商品を生み出せばいいのです。

ほとんどの企業が、お客様目線で考えて、お客様が何を必要としているか、どうすれば喜んでもらえるかを考えて商品を作っています。

ですから、あなたが自分を商品としてプロデュースするときも、お客様目線を忘れてはいけません。

世界のどこかにあなたの存在を待っている人がいるかもしれません。どんな人にも、その人にしかできないことはあるはずです。

人生100年時代を生き抜くためにも、あなた自身を商品にするということを考えてみてはいかがでしょうか？

お金は、信頼の証

そもそも副業をしていると最初につまずく難関が「お金を受け取るときに罪悪感を覚えること」です。

日本では他人からお金を受け取る習慣が少なく、「お金＝汚い」というイメージを持っている人が多いため、なかなか受け取りづらいと感じてしまいます。結果、自分の商品を安売りすることで、自分を安心させてしまう人が多くいます。

安売りは、それであなたが満足であれば、お客様とＷＩＮ－ＷＩＮとなり問題ないでしょう。

ですが、もしも最初だけ安売りしたいという人は、例えば「オープンキャンペーン」として、定価はしっかりした金額にしてください。キャンペーンなら年がら年中やっても問題ないでしょう。

周りを見渡してみてください。携帯電話会社、牛丼チェーン店など、大手企業はずっとキャンペーンを繰り返しています。

ただ、定価を下げてしまうと、これから出会うお客様にも、今までのお客様にも失礼にあたります。

そもそも「お金の概念」を変えるために、「お金」の呼び方を変えて考えてみましょう。

お金のことをこれからは「信頼」と考えてみてください。

信頼してもらって、初めてお金をいただけるのです。コンビニで買い物をするときも、電車に乗るときも、旅行に行くときも、無意識にでも相手を信頼しているからお金をお支払いできるのです。

そして、お客様は、自信のない人にお金を支払いたくありません。もしもファーストフードの店員が「お会計はたぶん350円だと思います……。」「こちらは、恐らくハンバーガーだと思います……。」と不安げなら、どう思いますか？

そのような人にお金を支払いたくないですよね。そして、現代のネット社会で生き残るために必要なことは、「信頼貯金をすること」と言われています。

お客様から信頼を勝ち取るためには、どうすればいいのか。

どうすれば信頼していただけるのか、これを逆算で考えていきましょう。

例えば、「口コミで星5が1000件以上ある飲食店」「お客様1人1人が納得いくまでお金をいただきません」「サービスを利用してから満足がいかなければ1ヶ月以内は全額返金補償」「あの有名な●●さんが死ぬ前に食べたいお店第一位」……これだけで信頼できますよね。

あなたが、信頼しているものは何ですか？

そして、どうしてそれを信頼しているのでしょうか？

信用と信頼の違い

「信頼」とは「信じて」「頼る」と書きます。頼りたくなるほどの関係性を構築すればいいのです。

例えばあなたが、副業としてデザイナーをしていたとして、ある企業からクッキーのパッケージのデザイン依頼が来ました。数あるデザイナーの中から、あなたに依頼が来ただけでもすごいことなのですが、ここで、お客様が望む以上の行動を起こしてみましょう。

このクッキーのパッケージデザイン以外にも、このクッキーの素晴らしさと改良点を周りの人たちからアンケートを取り、そのアンケート結果も一緒にお渡しするのです。企業からすると、想像もしていないプレゼント付きです。

こんな素敵な行動を起こしてくださるデザイナーさんだったら、今後も「頼りたい」と思うはずです。「デザイン＝あなたに今後も依頼する」という流れが出来上がります。

▼言われたことだけをする人
▼言われたことさえもしない人
▼言われたことにプラスαして（見返りを求めずに）行動する人

あなたは、どの人を信頼し、今後もお金をお支払いしたいと思えるでしょうか？

人間関係で悩まなくなる方法

私たちの人生における幸福度は、その80パーセントが人間関係から来ていると言われています。つまり、副業をしていく上で、必ず避けて通れない人間関係に悩まない方法をお伝えします。

それでは、その私たちの幸福度を大きく左右する人間関係をどのように改善していき、より良い人間関係を生涯にわたって維持していけばいいのでしょうか？

一番重要なことは、「相手の立場に立って考えてみること」です。これさえ摑んでおけば、人間関係においてまず他人とケンカをすることがなくなりますし、それまでよりも相手のことを深く理解することができ、とてもいい人間関係を築くことができるのです。

相手の立場に立って考えるとはどういうことかというと、仮にここにAさんとBさ

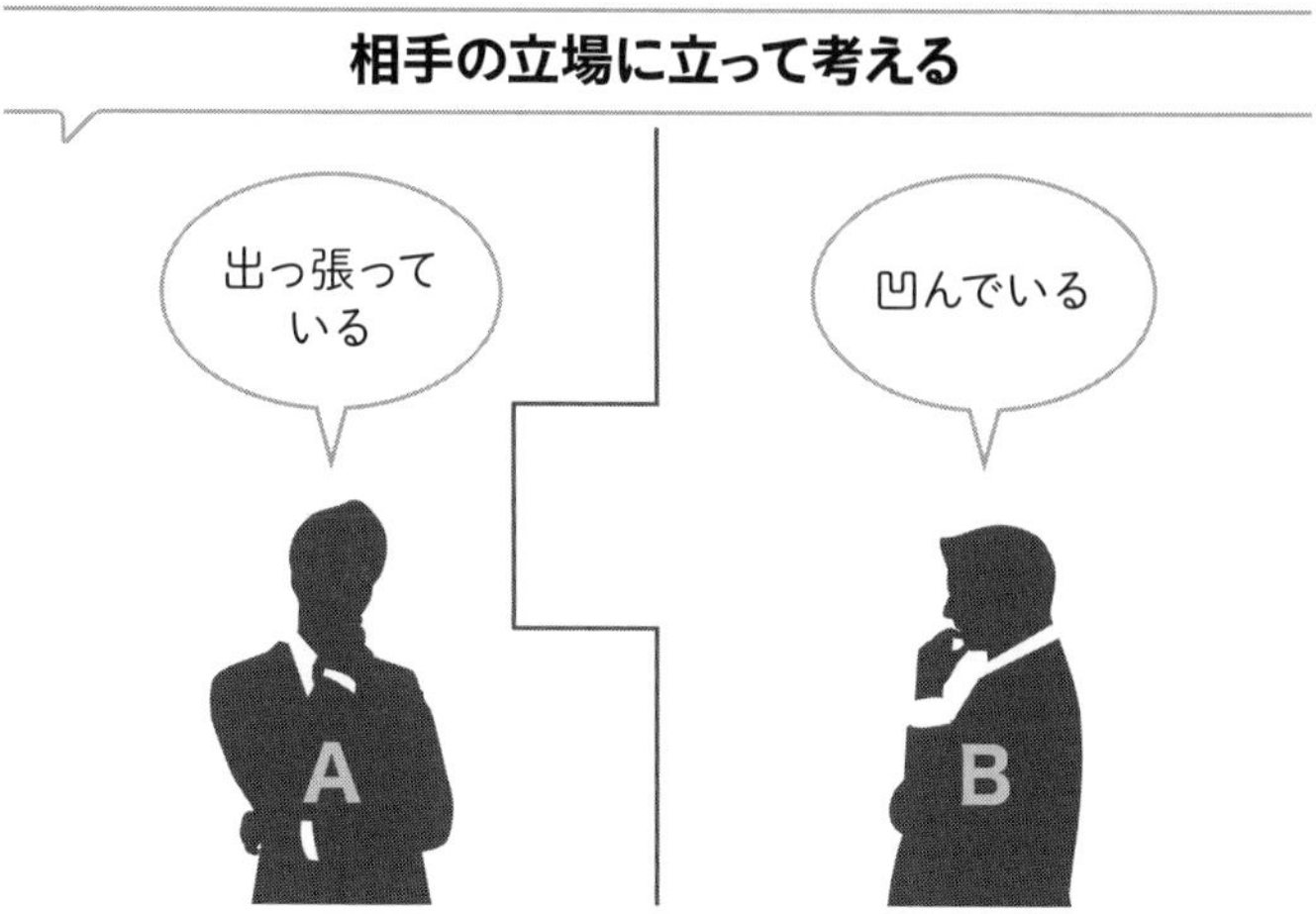

んという二人の人間がいるとします。その二人は、同じ物事を別の角度から見ています。例えるなら、上の図のような絵を両サイドから眺めている状態です。

Aさんは出っ張っているほうから見ていて、Bさんは逆側から見ているとします。すると、Aさんからしたら、「これは出っ張っている！」と認識されるわけですから、そう主張します。

ところが、Bさんの側から見ると、それは出っ張っているのではなく、「何を言っているんだ、これは凹んでいるじゃないか！」となるわけです。

これは、同じ物事でも見る視点が変わると、ここまで意見が正反対になり得るというたとえです。そして、意見が正反対になると何が起こるかというと、絶え間ない対立が生まれます。なぜなら、AさんもBさんも、それぞれの立場からすれば、自分たちの意見は「間違っていないから」です。

そして、AさんもBさんも自分の立場からしかその物事を見ないならば、彼らは「自分の意見が絶対的に正しくて、相手が間違っている」という考えに囚われるようになり、争いが絶えません。

「そんなに意見が違うなら、もう付き合っていられない！」「お前とはこれ以上やっていけない、口をきくのも無理」となってしまうわけです。これが「立っている場所」、すなわち「立場」の話です。

しかし、大事なのは、これはあくまでも「立場」の問題であって、AさんとBさんの「人間性」の問題ではない、ということです。意見が激しく対立すると、人はどうしても相手の人間性の問題として捉え、相手を全否定してしまいがちですが、そうではなくて立場の問題にすぎないのだと考えれば、問題の解決策が見えてきます。

物事というのは、相手の立っている場所によって見え方が変わってくるのですから、どうすればいいのかは簡単です。あなたがAさんなら、Bさんの立場に立ってみる。もちろん物理的に相手の場所に行くのではなくて、心の中で相手の立場になってみるのです。

するると、やがてAさんもBさんの立場に立ってその物事を見ることができるようになり、「そうか、Bさんにはこんなふうに見えていたんだな」と相手の意見がはじめて理解できるようになります。

そして、AさんがBさんの立場を理解してあげられるようになると、Bさんの態度にも変化が現れます。

自分の意見を理解してもらえたBさんは、自分もAさんの立場に立って物事を見るようになるのです。そうなれば、お互いの言っていることが理解できるようになり、最終的には意見の対立などはもうなくなって、建設的な人間関係を築けるようになります。

それでは、具体的にどうすれば、日常的に相手の立場に立って物事を考えることができるようになるのでしょうか？

そのコツは、「傾聴」にあります。傾聴とは、相手の言っていることにひたすら耳を傾け、聞くことに専心することです。専心すると一口に言っても、「相手の話くらい自分はいつもちゃんと聞いている！」と思う人もいるでしょう。しかし、本当にあなたは傾聴することができているでしょうか？

傾聴するとき、どれくらい相手の話を聞いているかというと、「こちらの価値観（自分の立場から見えること）をいっさい言わないレベルで聞く」ことです。例えば、ここに環境問題を解決するために運動しているAさんと、新たに工場を建設しようとしている企業のBさんが対立しているとします。

Bさんからすれば、工場を作ることによって生産性が上がって、世の中が最終的には良くなると信じています。ところが、Aさんからすれば、「あなたたちが工場を作ることによって環境が汚染され、動物の命、ひいては生態系が破壊されて、日本の自然が壊れてしまい、最終的に私たちの幸福度は下がるんだ」と主張します。

このように、お互いの立場からしか物事を見ないと、絶対に意見が合うことはありません。しかし、AさんがBさんの言っていることを、自分の価値観をいっさい問わずに傾聴してみると、どうなるでしょうか？

Bさんの立場から見える景色が、Aさんにもだんだんと見えるようになります。「そうか、工場があるからこそ日本の経済が支えられて、自分たちの今の生活がある。だからこそ自分は今こういう活動ができているのであって、工場側の意見を全否定していては何も進まないいな」となるのです。

このようにして、AさんもBさんもお互いの話を傾聴することで、お互いの立場を理解し、一緒に手を組んで、環境を守りながら経済も発展させる道を模索していくことができるわけです。

自分の価値観をいっさい語らずに、相手の話を聞く。そうすることで、相手を真に理解することができ、あなたが相手を理解してあげることで、相手もあなたのことを理解しようと思うようになります。

これが、人間関係やコミュニケーションの悩みの大部分を解決する「傾聴」です。

あなたの幸福度を上げるために、ぜひ実践してみてください。

カーナビの原理

皆さんは、「思考は現実化する」という言葉を聞いたことがありますか？

これは、自己啓発の大家であるナポレオン・ヒルが自著で提唱した考え方です。

私たちの現実は、私たちの思考が作り出しているのだという考え方ですが、よくわからないという人もおられると思いますので、わかりやすいたとえで説明したいと思います。

現代の車のほとんどにはカーナビが搭載されていますよね。

カーナビがあれば、私たちがこれまでに行ったことがないような場所でも、正確に迷わずに行くことができます。これは、カーナビでなくても、グーグルマップを使って自転車を漕いでいったとしても同じです。

カーナビを使うときに注意しなければならないことはなんでしょうか？

当たり前と言えば当たり前ですが、「住所を正確に入力する」ことです。

もし、あなたが東京駅付近にある某ビルに行きたいのに、「東京駅付近」としか入力しなかった場合、どうなるでしょうか？　どれだけ性能の良いカーナビを搭載していても、あなたが本当に行きたいビルの前までは連れていってくれないでしょう。

「そんなの当たり前じゃん」という声が聞こえてきそうですが、この当たり前のことを、皆さんの人生にちゃんと応用できていない人があまりにも多いのです。

それはどういうことかというと、私たちの人生にも実はカーナビがあるのです。

私たちの「意識」は、カーナビと同じ役割を果たしているのです。自分の人生における「ゴール」を明確に事細かく設定している人は、人生のカーナビをちゃんと正しく使えていますが、人生における「ゴール」をあいまいにしか設定していない人は、いくら努力しても、望んだ場所には永遠にたどり着けません。

これが、「思考は現実化する」ということなのです。ゴールを明確に設定しなければ、そのゴールにたどり着くことはできない。このことをしっかりと理解してください。

あなたが自分のゴールを「収入がアップしたらいいなぁ」という漠然としたものに設定していた場合、その目的地にたどり着くための適切なルートは表示されません。あなたはひたすら迷走することになります。

「東京駅の近くのこの住所にあるこのビル」と設定するのと同じように、より明確なゴールを設定しなければ、あなたの人生のカーナビはあなたをその地点まで連れていってはくれないのです。

例えば、「今の年収を1年後の今日までに500万円アップさせる」という明確なゴール設定なら、このゴールを毎日意識するようにすれば、自然と「年収を1年間で500万円アップさせるルート（方法）」を模索するようになります。

そして、それが可能だと信じている限り、あなたの意識はそのための方法を日常的に探すため、見つけやすくなるのです。

世の中には「お金が欲しい」と望んでいる人が大勢います。しかし、そのカーナビ設定は無意味だということが、もう皆さんにもおわかりだと思います。

1年後、3年後、5年後、10年後にどうなりたいかを明確に設定しないと、その場所には行けません。

しかし、明確な設定をせずに迷走しながら、自分の人生の現状に不平不満を言っている人のなんと多いことでしょうか。その人の人生が迷走しているのは、その人自身が人生のカーナビをきちんと使えていないからにすぎません。

ということで、人生のカーナビを正しく設定するためには、いくつかのポイントを押さえる必要があります。

まず、「いつまでに」を設定すること。カーナビでも、目的地までのところ要時間というものがあるように、人生のカーナビでも、ご自身が達成できると信じられる期間を設定する必要があります。

つまり、「年収500万円アップするぞ」という設定ではなく、「1年後の今日までに年収500万円アップするぞ」というふうに、時間を設定するのです。これを忘れてしまうと、一向に目的地には着きません。なぜなら、時間を設定しないゴールは、ぼんやりとしたイメージ（妄想）にすぎないからです。

そして、もう1つ大事なポイントが、「具体性」です。

「来年までに成功者になるぞ」というゴールを設定する人がいますが、この場合は「成功者」という言葉の定義があいまいすぎて、どんな状態を目指せばいいのかよくわからず、これまた迷走してしまいます。

DO、HAVE、BEの設定

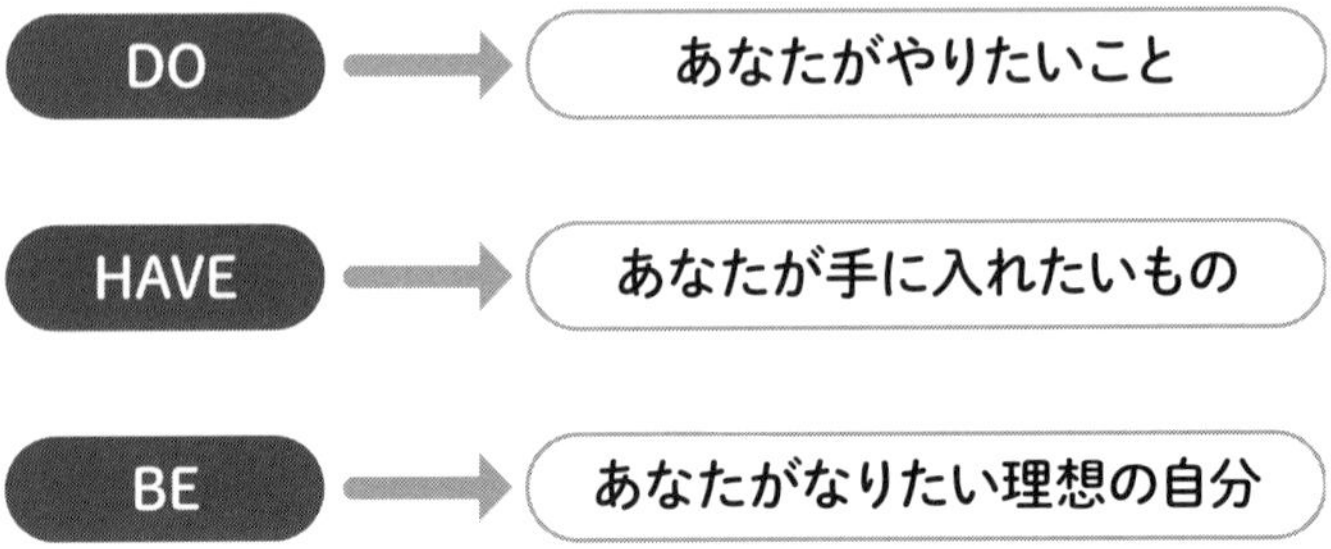

ですから、成功者とはどんな状態なのか、あなたなりの定義をする必要があります。定義ができたなら、その具体的な姿をゴールとして設定すればいいのです。もちろん、期間の設定も忘れずにしてください。

人生のカーナビのオススメの設定は、「ＤＯ、ＨＡＶＥ、ＢＥ」の設定です。

ＤＯは「あなたがやりたいこと」、例えばイタリアに行きたいとか、ダイエットをしてスリムになりたいとかです。

ＨＡＶＥは「あなたが手に入れたいもの」、例えば最新のＭａｃブックが欲しいとか、ダイビング免許を取得したいとかです。

ＢＥは「あなたがなりたい理想の自分」、

例えば愛する人と一緒にいたいとか、健康的でありたいなど、こういうふうにありたいと思う姿のことです。

人生のカーナビ設定をする際には、これらを設定した後に「いつまでに」という期限を設定すればいいだけです。簡単ですよね？

あなたの「ゴール」「目標」が明確に決まれば、その瞬間からあなたの夢が動き始めます。自分の人生の目標がなかなか決まらないという方がいっぱいいらっしゃいますが、まずはこのDO、HAVE、BEの設定から始めてみてはいかがでしょうか？　どんなゴールでもいいのです。ゴールが明確に決まって、期限が決まれば、人生のカーナビは自然と適したルートを表示してくれるようになります。

そうしたら、先入観を捨てて、見つけたルートを信じて運転してみてください。人生のカーナビを使うなら、その道案内を信じることが重要です。カーナビを設定したのに、途中で「いや、自分はこっちの道に行ったほうがいいと思う」とか「この道を進んでも目的地にたどり着けないかも」とか、「自分にはたどり着くのは無理かも」などと考え始めると、とたんに迷走してしまいます。

せっかく明確なゴールを設定したのに、自分自身でそれを無効にしてしまいます。ですから、いったんゴールを設定して動き始めたら、それを信じて、自分の先入観は捨ててください。苦手意識や、「できないかも」などの気持ちも捨てましょう。信じて、進むのです。

もし、どうしてもたどり着けないと思ったら、たどり着けそうだと思える目的地に設定し直せばいいですし、それは迷走を続けるよりははるかにましです。

人生のカーナビをぜひ使いこなしてください。そうすれば、あなたの人生は面白いように変わっていきます。

あり得ない結果に導く目標設定

さて、前項では車で目的地に向かうときのように、人生においてもカーナビの原理を使って、目標を達成していきましょうというお話をしました。

ここでは、目標設定の仕方について、さらに踏み込んだお話をしたいと思います。目標と一口に言っても、誰でも達成できそうな目標から、ほとんどの方が達成できないような、あり得ない結果を生み出す目標まで、さまざまあります。

人生のカーナビを使いこなせるようになったら、ぜひとも「あり得ない結果」を生み出せる人になりましょう。

あり得ない結果に到達するには、どうしたらいいのでしょうか？

「見える限りのところまで進むのだ。到着すればさらに遠くが見渡せる」

これは、トーマス・カーライルという歴史家の名言ですが、とても含蓄《がんちく》の深い言葉で、あり得ない結果にたどり着くためのヒントがあります。

人は、「そこまでは行けない」と思ってしまうと、本当に自分が決めた限界までしか行けなくなります。しかし、まずは見えるところまでは進んでみて、そこに行ってみれば、次に進む場所が見えるようになるという意味の言葉です。

この考え方を利用して、実際にあり得ない結果を次々と出しているのが、グーグルやフェイスブックといったグローバル企業です。

それらの企業は、あり得ない結果を出すための目標設定として「ＯＫＲ」という手法を用いていると公表しています。

ＯＫＲとは、Objectives and Key Results の略称で、Objectives は「目標」、Key Results は「成果指標」と訳されます。

ＯＫＲでは、まずチームの目標を「定性的」に設定します。定性的というのは、数値化されないという意味です。

つまり、そのチームのモチベーションを高めるような、士気を鼓舞するようなチャレンジングな目標であれば良く、数値で表す必要はないということです。

そして、次に「成果指標」では、チームが目標を目指して努力した結果、どのような成果を上げたかを、「定量的」に測ります。定量的というのは、数値化されるということです。

目標は定性的に設定するが、成果は定量的に、数値で測るわけです。

１つの目標（Ｏ）に対して、２～５の成果指標（ＫＲ）を設定するのが望ましいとされています。

このグーグルのＯＫＲという目標設定手法は、元々はグーグルの創業者の１人がかつて働いていたインテルで使われていたものを、グーグルに導入したそうです。インテルと言えば、パソコンの頭脳に当たるＣＰＵの分野で長年トップを走り続けてきた企業です。そのインテルが、CPUで世界を席巻し続けることができた要因の1つが、このOKRなのです。

グーグルはそれを自社にも用いることにして、検索エンジン、ひいてはYouTubeなどの動画配信サービスの世界においてトップを走り続けてきているのです。

ちなみに、このOKRはあのNASAでも形を変えて使われているそうです。


さて、このOKRでは、ストレッチゴールという目標を設定するのがいいとされています。ストレッチゴールとは、「難しいけれども頑張ればできないことはない」「チーム一丸となって臨めば達成できるかもしれない」くらいの目標のこと。みんなが力を伸ばしきれば（ストレッチすれば）到達できる、という意味です。

そして、OKRでは、仮に目標の60~70パーセントしか達成できなかったとしても、それを成功とみなすようになっています。6割方達成できれば、成功でいいと聞くと、驚かれる方もいるかもしれませんが、これには理由があります。

グーグルでは、このOKRを用いるにあたって、2種類の目標を設定するようにしているそうです。その1つが、ムーンショットといい、「月にたどり着くくらいの目標」、つまりあり得ないほど高い目標。もう1つが、ルーフショットといい、「屋根に届くくらいの目標」、つまりほぼ確実に到達できる目標なのです。

この2つを用いることによって、グーグルはより高みを目指しながら、目先の業務もクリアしていき、前進していけるわけです。

60〜70パーセントの達成度で成功と見なすのは、このムーンショットのほうで、ルーフショットのほうは、ほぼ100パーセントの達成度が要求されます。

この月にたどり着くくらいの目標ですが、そんなに高い目標を設定して、「チームの士気が萎えたりしないのか?」と思うかもしれませんが、ところが実際にはそれくらいの高すぎる目標を設定したほうが、チームの士気が上がり「やってやるぞ!」と燃え上がって、チームが1つになって行動を起こす確率がアップするのだそうです。

ですから、皆さんもぜひこのOKRの考え方を取り入れて、「あり得ないくらい高い目標」を設定しながら、人生のカーナビを「具体的な目標と日時」を設定することで使いこなせるようになりましょう。

難しく書きましたが、わかりやすく言い換えますと、あり得ない結果を導き出すためには、高い目標にすることが大切だということです。

OKR

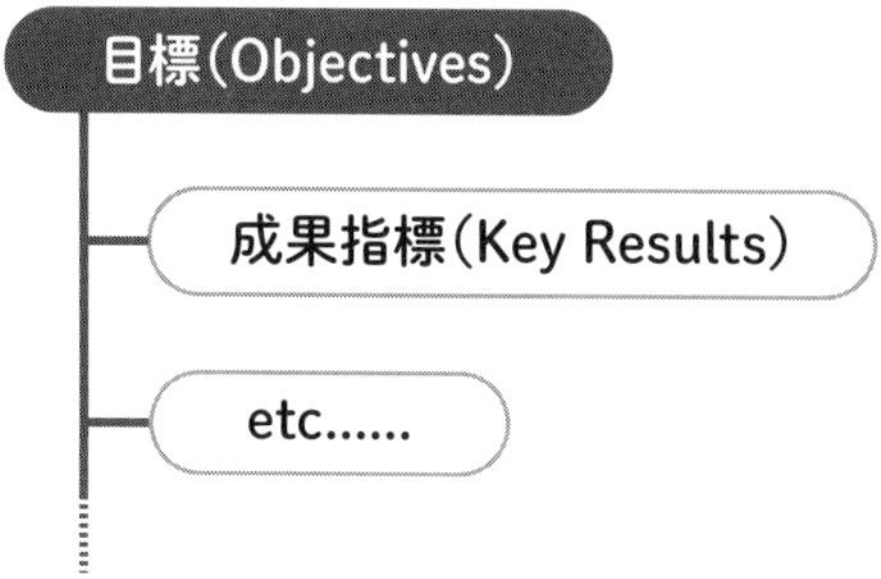
目標(Objectives)
成果指標(Key Results)
etc……

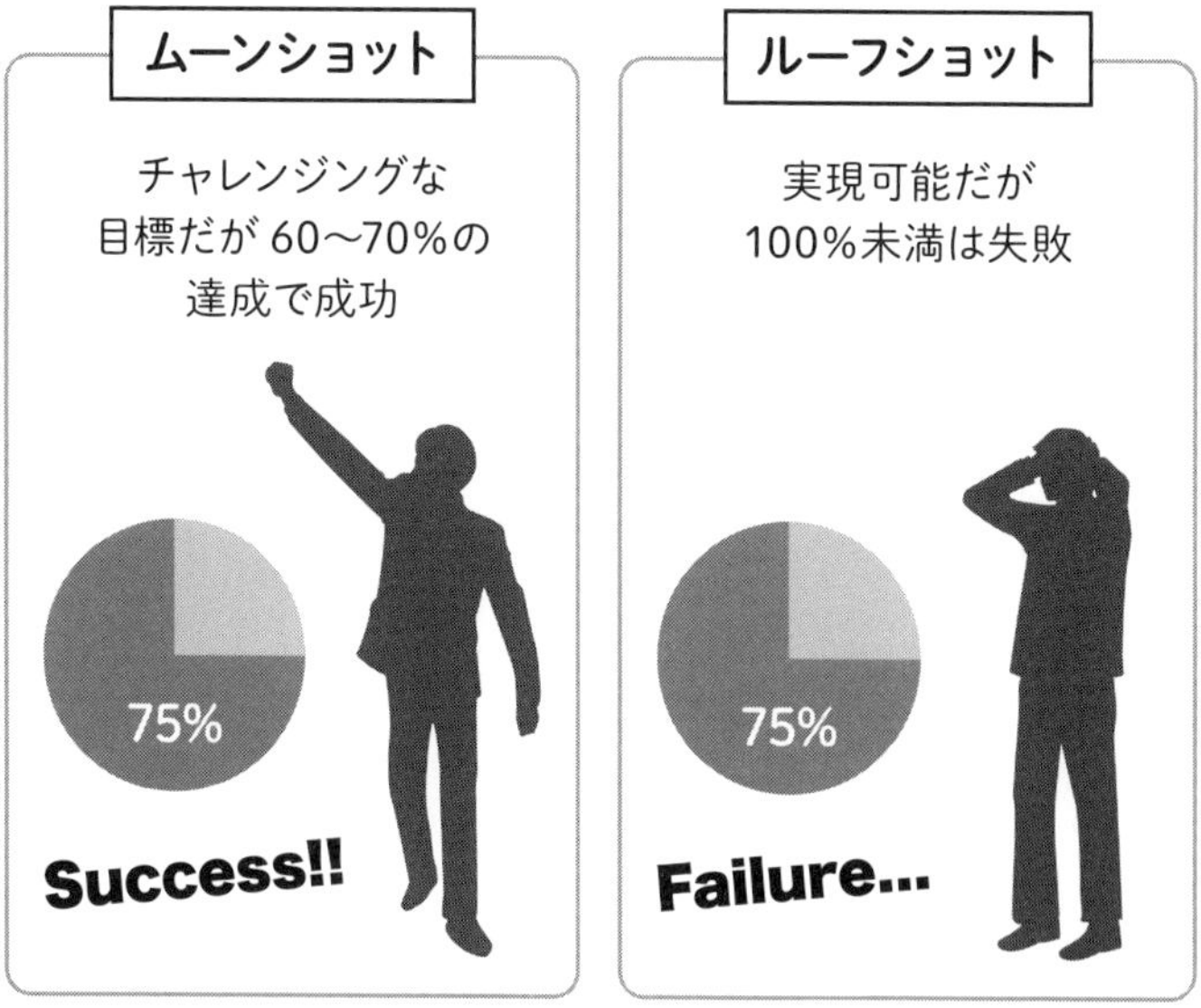
ムーンショット
チャレンジングな
目標だが 60〜70%の
達成で成功
75%
Success!!
ルーフショット
実現可能だが
100%未満は失敗
75%
Failure...

そして、基準とする高さは、「他人が聞いても鳥肌立つような目標」にすることをオススメします。

そうすれば、その目標の高さから、たくさんのエネルギーが集まり、とんでもない結果を導き出すことが可能になります。

どんな問題も解決策は自分の中にある

副業で悩む人の共通点は答えを外に求めていることです。しかし、実際は解決策も答えも自分の内にあるものです。

これを専門用語で「インサイドアウト」と呼ぶのですが、どんな出来事も「問題の解決策は自分の中にある」と考えることです。

「問題」が出たときは、即時に自分と向き合ってください。例えば副業でアクセサリーを作っているとします。そのアクセサリーに使うアイテムに不良品が多く出てしまい、お客様からクレームが来ました。一般的な人は、ここでアイテムを販売している業者を怒ろうとするのです。しかし、これでは物事の本質は何にも変わりません。

▼業者に不良品が出た場合の対応策を事前に話し合い契約書に記載しておく

▼こちらでも検品作業をしっかりしておく

▼お客様にも不良品が出ていないかを確認してもらうために、商品の中にチェック項目を用意して入れておく

▼そもそも業者を替える

▼そもそもこの商品の販売をやめる

上記のように、あなた自身に問題のあり処を向けていれば、次回からの改善策はたくさん出てきます。クレームは自分の弱点を見つけてくれる、最大のきっかけなのです。ネガティブ思考になる気持ちはわかりますが、ここで、逃げずに向き合うことで、お客様のさらなる「ありがとう」に繋がります。

どんな問題も解決策は、自分の中にあります。人生の責任者は、自分自身なのです。自分の人生に対して、「完全なる当事者意識」を持つことができればあなたは自立した人間となります。

そのような意味でも、副業をすることを心からオススメします。

副業をすると、嫌でも当事者意識を持たないといけない瞬間があり、あなたの無意識な依存を自立へと導いてくれます。

一番やってはいけないこと

第1章にて人生で一番信じるべきことは「自分の可能性」とお伝えしました。続いて、「人生で一番やってはいけないこと」をお伝えします。それは「自己否定」です。「自己否定」は人生を幸せに生きられない、すべての原因です。最初から副業で上手くいく人のほうが少ないかもしれません。でも、自己否定さえしなければ、それでいいのです。クレームが来ても、誰かに非難されても、思い通りにいかなくても、それでも別にいいのです。

自己否定は「制限」でしかありません。あなたという無限の可能性に対して制限をかける必要がどこにあるのでしょうか？

実は、本書の真の目的はここにあります。たった一度きりの人生です。誰かと比べる必要はありません。他人と自分は別であり、「どんな人生も素晴らしい」のです。どうか、今後は自己否定しないでください。


今、お金がなくても、誰からも愛されていないと感じていても、誰かに裏切られても、健康でなくても、すべてが楽しくなくても、正直いいのです。失敗しても、返せないほどの借金をしても、落ち込んでも、誰かを傷付けてしまったとしても、自己否定さえしなければいいのです。

どうか自己否定せず、あなた自身を認めてあげてください。もし、自己否定しそうになったときは誰かに相談しましょう。どんな名医でも、傷口を見せない限り、その病を治せません。自己否定しそうになったときは、すぐに誰かに相談しましょう。

そして、副業をする上でもう1つ大切なことが「深刻にならないこと」です。どんな出来事があっても、深刻にさえならなければ必ず乗り越えられます。間違いなくあなたも自分の人生を頑張って生きてきました。もう自己否定せず、とにかく心からの

「ありがとう」をたくさん集めるために、副業をやっていきましょう。

では、無意識レベルで自己否定しないためにも、対義語である「自己肯定」について述べます。

自己肯定するために必要なこと

今まで人生の目標の話をしてきましたが、あなたの人生の「使命」とその見つけ方についても話したいと思います。

そもそも使命とは何でしょうか。使命とは、読んで字のごとく「あなたの命を何に使うのか」ということ。

あなたは、自分の命を人生の何に使っているでしょうか？

そもそも、使命を持って生きている人、つまり「自分はこのために生きています」と断言できる人は、私たちの中に1パーセントもいません。

しかし、アンパンマンでさえ「何のために生まれて、何をして生きるのか答えられないなんてそんなのは嫌だ」と言っていますから、皆さんもご自分の使命とは何なのか、ちょっと考えてみましょう。

そもそも使命とは、自分の過去にしか存在していません。

どういうことかというと、自分が今までに見てきたものによって培われた価値観の中にしか使命は存在しないということです。

私の周りにスリランカの象を救う活動を始めた人がいます。しかし、あなたがスリランカの象を救う活動を知らないどころか、スリランカに行ったこともない場合、突然「スリランカの象を救いたい！」と思うかといえば、そんなことはまずあり得ませんよね。実際、その人はスリランカの象を見た過去があって、そのような活動を始めています。

このように、使命というのは今まで見てきた自分の価値観から生まれてきます。

そして、使命を持つとどうなるかというと、使命はあなた自身のことを肯定し続けてくれるんです。いわゆる「自己肯定」ですね。

使命を持っている人は、誰に何を言われようが、その使命のために生きていますからぶれません。どんな心配や挫折をしたとしても、使命のためにそれを行っているわけですから、自分を否定することはありません。むしろ、使命を持っている限り、自分自身のことを肯定し続けて進んでいけるわけです。

ところが、使命を持っていない人は、失敗をしたり、人に騙《だま》されたり、トラブルを起こしたりしたときに、何のよりどころもないわけですから、ただただ自分を責めてしまって「自己否定」に陥ったりするわけです。

たまたま過ちを犯しただけ、たまたま悪い人に出会ってしまっただけ、たまたまトラブルに発展してしまっただけ、それなのに自分を否定してしまうと、あなたは前に進む力を失ってしまうわけです。

人が一番してはいけないことが、この「自己否定」だと、私は思っています。自分を否定し続けることは、自分で自分の力を奪い続けることに等しいからです。

そうならないためにも、「使命」を持って生きてほしいわけです。

使命があれば、人間はそう簡単には自分のことを否定しなくなるからです。

何があっても自分を肯定し、進み続ける力を持つことができるのです。

生きていく上で一番信じるべきことは、自分の可能性です。

これを信じられない人は、人生が終わっているといってもいいでしょう。

たった一度きりの人生ですし、どんなに遅くたって、自分の可能性さえ信じていれば、人間は今からでも何にでもなれるのです。

少しスピリチュアルな言い方になってしまうかもしれませんが、あなたが使命を持ったとき、あなたは自分から光を放つことになります。使命を持って生きている人は周りの人に影響を及ぼし始め、周りの人が「この人はすごいなぁ」とか「この人と一緒にいたい」などと思ってくれるようになり、あなたの周りに人が自然と人が集まってきて、ビジネスなどが上手くいったり、プライベートでも充実したりするのです。

さて、いきなり話の規模が大きくなりますが、人類全体の「使命」は何だと思いますか？

私は、全人類の使命は、つまるところ「愛」だと思っています。愛を持って生きること、これが最も大切なことなのではないかと思っていますし、それこそが人類の使命なんじゃないかと考えています。

愛を持って生きることを、あなた自身の使命として引き受けるならば、あなたはやがて見返りがなくとも行動できるようになるでしょう。

多くの人は、そういった使命を持っていないために、ギブアンドテイクの原理で生きています。「私がこれをやってあげたんだから、あなたはこれをしてよ」という具合にです。

これでは、愛を持って生きることにはなりませんし、本当の意味での「自己肯定」ができないでしょう。


ちょっと話を変えて目的と目標の違いについて話しましょう。

目的と目標を勘違いしている人が結構います。目的とは、人生のゴールのことであり、「使命」つまり自分の命の使い方と同じ意味です。

一方、そのゴールにたどり着くための通過点が「目標」なんです。

使命こそが、人生の目的であり、ゴールです。そのゴールにたどり着くための通過点が目標だということです。

それでは、あなたの使命（目的、人生のゴール）はどうやって見つけたらいいでしょうか？　よく勘違いしている方がいて、「手段」を使命や目的として捉えている人がいます。それはどういうことかというと、カメラマンでたとえた場合、「カメラマンとして稼ぐ」ことを目的にしてしまっているのですね。「カメラ」も手段、「稼ぐ」ということも実は目的ではなくて手段にすぎません。

「カメラで稼ぐぞ」ということを人生の目的としてしまったら、あなたはそのゴールにたどり着いたときに、「あれ？　自分は何のためにこれをやっていたんだっけ？」とすぐに自分を見失ってしまいます。

ですから、使命というのは、終わりのないものにする必要があります。そうすれば、ずっとあなたの原動力となり続けてくれます。

例えば、私の使命は「世界をより豊かにすること」です。すでに周りの人にもさんざん言っているのですが、誰に何を言われようが、この使命はぶれません。私がスケジュールを判断する基準は「豊かさ」です。「豊かさ」は経済面だけでなく、精神面も含みます。

「今日は豊かか」「明日は豊かか」「自分は誰かを豊かにできるのか」……、それ以外のことは考えていません。

それが物事を決める判断基準です。豊かか、豊かでないか、豊かにできるか、豊かにできないかという基準ですべてを決めているだけなので、誰かを罵《ののし》ったり否定したりしません。

使命（目的、人生のゴール）というのは、これくらい大きなことに設定したほうが、あなたをずっと駆り立ててくれますし、その使命を基準に生きていけば、どんなことがあっても、誰に何を言われようとあなたはぶれなくなるのです。

最後に、使命とは何かを明確にできる最もシンプルでわかりやすい質問があります。それは、「もしすべての願いが叶ったら、あなたは世界を良くするために、何を行いますか？」というものです。

つまり、お金も、時間も、人間関係も、健康も、愛情もすべて理想のものが手に入りました。例えば、貯金額は１００億円に到達し、３年間自由に休むことができ、世界中どこにでも旅行に行くことができ、車も乗りたい車なら何でも乗れます。あなたの欲求という欲求はすべて満たされた状態です。

その状態で、あなたは明日から何をしますか？

ある人は、世界中の子どもたちのために学校を作ってあげたいと思うかもしれませんし、またある人は、世界中の人々に健康になってほしいとか、世界中の人々が愛に満ちた結婚生活を送れるようにしたいなどと考えるかもしれません。

それが、あなたの使命なのです。

副業の本なのに、こんなディープなこと書いていますが、これが明確になれば、これが人生の目的となります。あなたが生まれてきた意味、何のためにこれからを生きていくのか、明確にしていくことにより、あなただからこそ依頼したくなる、あなたにしかできない副業がそこに存在します。

リスク対策の重要性

副業を成功させるために、バンジージャンプやスカイダイビングをすることをオススメします。高いところが苦手な人は「何の意味があるの?」と思うかもしれません。

実は、成功の法則を知っても、成功を手に入れられない理由は、「抵抗心」があるからなのです。

「最高」という漢字は最も高いと書きます。自分の安心領域から出ずに、自分の檻の中で「最高」を掲げ、不平不満を並べている人は成功しづらいのです。

今までの自分ではやらなかったこと、ここに感動や最高が存在します。

例えば、ケンカ別れした友達に会いに行ったり、ゲテモノ料理を食べに行ったり、知らない人に声をかけたり、裸足で生活してみたり、トイレを素手で洗ったり、値札を見ずにショッピングしたり、本音で家族会議をしてみたりするなどです。

一見無意味と思うかもしれないですが、この抵抗心をなくすトレーニングをしていけば、副業を大きくしていきたいときも、どんどん前に進めたり、大きな影響力持っている人とも動じないでコラボを提案したり、エレベーターで偶然出会った人と一緒にビジネスをし始めたりすることが本当に可能になるのです。


ただし、副業の場合、「よーし！　スカイダイビングをやってみせる！」と言って、その勢いでパラシュートを背負わないまま飛ぼうとする人も多いんです！

しかし、スカイダイビングには、パラシュートが必要なんです！

お金でビジネスの問題を解決する

問題	解決法
人が足りない	委任する
集客できていない	マーケティング費用を追加する
法律がわからない	弁護士に依頼する
特許を取りたい	弁理士に頼む

副業・ビジネスにも必ずリスクが存在します。「行け行けＧＯＧＯ！」精神は必要ですが、それはリスク対策をした上で必要ということです。法的な問題、規約・契約、顧客管理、キャッシュフロー、納税、業務委託提携・秘密保持契約、考えられるリスクを先に考え、備えましょう。

また、「副業で簡単に稼げる」なんて書いてあるものは、安易に信じないようにしましょう。加えて、自己投資貧乏にならないようにしましょう。

ただ、覚えておいてほしいことがあります。それは、ビジネスで起きる問題はすべて「お金」で解決できるということです。

これがビジネスの本質でもあります。

問題をお金で解決するために、利益を出し、成長していきましょう。

それでは、副業に関してリスク対策をした上で、商品を自分と考え、信頼貯金を貯め、3倍以上の価値提供を考え、他人が鳥肌が立つぐらいの目標と、人生の目的を明確にし、自己否定せず、深刻にならず、お客様の心からの「ありがとう」を集める旅に出かけましょう！

第3章は、さらに具体的にどのように副業をすればいいのか、そしてマーケティングのノウハウなどもお伝えしていきます。

積極的な心構えを持ち、次の章へ読み進めてください。

副業はできる、できないではないです。

やるか、やらないかです！

第3章

副業0日でも
簡単に利益を出す方法

マッチングサービスで仕事をこなす

副業で継続した利益と成長を出すために必須でありながら、一番難しいのが「集客」です。どれだけ良い商品を作っても、お客様がいないと意味がありません。逆に言えば、集客さえ上手くいけば、どんな副業も大きくすることができます。

集客の悩みを解決してくれるのが、「マッチングサービス」です。あなたが業者・専門家としてプロフィール・スケジュールを登録すると、お客様が、あなたを見つけて依頼してくれます。広告費はマッチングサイト運営側が支払ってくれるため、自身で集客を行わなくても、登録したスケジュールにどんどん仕事がきて、副業として好きなことで収入を出すことができます。

有名なサイトは、「くらしのマーケット」です。家事代行・お掃除、不用品回収、引越しお手伝いだけのほか、カメラマンとして仕事をこなしたり、さまざまなプロとして登録したりすることができます。また、スキルマーケット「ココナラ」では、デザイン・占い・悩み相談・コンサル・音楽・イラストなど、自分のできることを出店することもできます。

ただ、登録しただけでは依頼がなかなか来ない場合もあります。このようなときに思い出してほしいのが、「お客様ファースト」になっているかどうかです。

▼自分のプロフィールの写真は、お客様が望む写真になっているか？
▼自分のプロフィールの文章は、お客様が知りたい情報になっているか？
▼お客様だったら、どういう人に安心して依頼するだろうか？

マッチングサイトで依頼をするときに、お客様が得られる情報は限られてきます。

▼第一条件　スケジュール（対面が必要なサービスであれば場所も）
▼第二条件　レビューの高さ
▼第三条件　プロフィール・プロフィールの写真

逆に言えば、ここを徹底すれば、必ず、あなたに依頼が来ます。もし、ランキングなどが見られる場合は、上位の人たちを研究してみてください。

上位になっている理由が必ず存在します。

マッチングサイトに限ったことではないですが、「〝成功している人〟と〝結果を出せない人〟の違いとは何か？」にアンテナを張っていると、共通点が見えるようになってきます。

副業の成功者は、どんなときも必ず「お客様ファースト」で考えています。

あなたのスキルが副業になる

企業から事務仕事などを受注することができるマッチングサービスを、「クラウドソーシング」と呼びます。仕事内容は、記事作成、データ入力、デザイン、プログラミング、アンケートなどビジネスの作業の依頼が受けられます。

代表的な総合型のクラウドソーシングサイトには、「クラウドワークス」「ランサーズ」「シュフティ」が挙げられます。ハードルは低いため、報酬が低い案件も多いですが、仕事の経歴を作るため、スキルアップの場としてもオススメです。副業として行うスタート地点として、一度覗《のぞ》いてみてはいかがでしょうか？

またここでは、依頼する側として活用するのもオススメです。自分の副業としての名刺・デザイン全般・サイト作成、業者に頼めばすごく費用がかかるような案件でも、このクラウドソーシングでは安価で依頼することができます。

アプリの作成・コピーライティング・ランディングページ作成、何でも依頼することができるため、あなたが発注側になって依頼し、ビジネスを成立させることも可能です。

例えば、まずは全国のフェイスブック飲食店グループに複数入ります（無料で簡単に入れます）。そこで「メニュー・名刺・看板を新しくしませんか？　格安で承りま す」と投稿します。あなたに、そのスキルがなかったとしても、あなたはデザイン会社の代表として仕事を請負って、この仕事をクラウドソーシングで募って差額をいただいても、何も問題ないのです。

ビジネスモデルを考えてみましょう。クラウドソーシングサイトで、月に3万円で秘書を雇い、秘書の方に上記のフェイスブックグループなどに一日30箇所投稿してもらいます。デザインのお仕事として、4万円の案件が一日に3件、平均的に来たとして、お客様に提示した金額の半値でできるデザイナーをクラウドソーシングサービスで探した場合は、4万円（商品）×3件（依頼数）÷2（デザイナー料金）＝6万円になります。6万円（一日の売上）×30日＝1ヶ月約180万円となり、180万円ー月3万円（一日に30件投稿を行う秘書への人件費）＝1ヶ月約177万円となります。

1年間続ければ、年収2000万円を超えることになります。もちろん、これは単純に依頼が安定的に来た場合の話ですが、これだけの売上が見込めるのであれば、クラウドソーシングサービスで、デザイン請負サービスを始められます。

この左のチャートのようなビジネスの流れも可能なのです。クラウドソーシングを使いこなし、あなたは、あなたにしかできないことに集中し、どんどん自分の作業を委任していきましょう。

デザイン請負サービスビジネスの流れ

サイトを作ってもらう

↓

キャッチコピーを考えてもらう

↓

コピーライティングを考えてもらう

↓

ランディングページを作ってもらう

↓

秘書に会計をお願いする

↓

別の秘書
（同じ秘書だと、すべてのビジネスの流れが見えて、
独立されてしまうため）に
デザイナー探しをお願いする

↓

利益が大きく出てきたので、
秘書に法人化の手続きをお願いする

↓

いつの間にか副業が本業になる

ビジネスで成功するのに不可欠な「ＵＳＰ」の創り方

今回は、ビジネスで成功する上で絶対に不可欠なＵＳＰの創り方についてお話ししたいと思います。

皆さんは、ＵＳＰというものを聞いたことがありますか？

ＵＳＰとは「ユニーク・セリング・プロポジション」の略で、50年以上もの長きにわたって最も活用されているマーケティング手法です。

ユニーク・セリング・プロポジションは「ある商品やサービスが持っている独自の強み」のことを指します。特にマーケティング用語としては、自社が持つ独自の強みとよく訳されています。

自社が持つ強みというと、ちょっとわかりにくいかもしれませんので、私流の言い方をしますと、ＵＳＰとは「お客様への確約」のことです。

つまり、これだけは、「他社とは違ってうちは必ずお客様のお役に立てます、満足

USPを創る際のポイント

・価格
・カスタマイゼーションの可能性
・他社との違い
・保証の充実
・品質の高さ
・ラインナップの広さ
・スピードの速さ
・利便性
・サービスの充実
・専門性

させます」という部分のことです。まさに、それこそが独自の強みということです。

それでは、ご自分やあなたの会社のUSPを上記の10項目を参考に作ってみてください。

例えば、ドミノ・ピザのUSPは30分以内にピザをお届けするということになります。つまりスピードの速さです。これはドミノピザのお客様への確約なわけです。

ですから、USPについて考えるときには、自分はお客様にどんな約束ができるのかという視点で考えるのがオススメです。

さて、これからはUSPの創り方について、本格的に解説していきます。

全部で4つのステップがありますので、まずは最初のステップをご紹介します。

世界一簡単な「USP」の創り方〈ステップ1〉

まず、あなたにとって理想的なお客様をイメージすることから始めましょう。

お客様は千差万別、いろいろなお客様がいますが、変なお客様がついてしまうよりも、自分が「本当に会いたいな」と思える人のほうがいいですよね。

ですので、あなたが毎月何度でも会いたくなるような理想的なお客様像を、最初にはっきりさせる必要があります。

まだ実績があなたになくても構いません。「将来こんなお客様に恵まれたいな」と思える理想的なお客様像をイメージしましょう。

そのお客様の年齢、性別、職業、既婚か未婚か、家族構成などの他、どんな性格で、好きなテレビ番組、よく読む雑誌は何かといったことまで事細かく設定してください。

なぜ、そこまで細かくお客様情報を設定するかというと、ビジネスは問題解決のためにあるわけですから、具体的なお客様像をイメージすることで、あなたのビジネスモデルも具体性を帯びて来るからです。

例えば理想のお客様像を30代男性に設定したとして、30代前半と30代後半の男性では悩みが違いますから、広告を打ったとしても微妙にターゲットから外れてしまっていて、あまりクリックしてもらえないということがあるのです。

ですから、理想のお客様像はできるだけ具体的に絞っていく必要があります。絞れば絞るほどお客様の問題がはっきりと見えてきて、こちらが提供できる問題解決のクオリティも上がっていくのです。

このターゲットをより絞った人物像のことを「ペルソナ」を呼びます。「ペルソナ」のほうが「ターゲット」よりも深く詳細に人物像を設定します。

年齢、性別、職業、既婚・未婚、家族構成、仕事、性格、好きなテレビ番組、よく見る雑誌などをすべてを書き出し、ペルソナを作っていきます。

ここまで事細かくイメージすることによって、ようやくこの理想のペルソナ像の問題点をイメージすることができるのです。

よくある質問として、「ターゲットを絞るとお客様が減るんじゃないか？」と聞かれます。実際、最初は私もそう思いました。

しかし、ターゲットを絞る理由は、広告を届けるお客様の数を絞るためではなく、よりリアルなお客様の問題を見つけるためなんです。

「30代男性」の悩みより、「38歳3児のパパ」と絞ったほうが、より具体的な問題にたどり着くことができるということです。

つまり、ターゲットを絞る理由は、「人」の部分ではなく、「問題点」の部分だということが大切なのです。

あなたのUSPを考える上で最初のステップとして、「理想的なお客様は誰か」を具体的にはっきりとイメージしてみてください。

世界一簡単な「USP」の創り方〈ステップ2〉

理想のお客様像を作り上げたら、次にすることはそのお客様の問題点をたくさん抜き出していく作業です。抜き出す数は100個が理想的とされています。

問題点を抜き出すとはどういうことかというと、例えばここに35歳男性独身で年収800万円のサラリーマンがいるとして、その方が理想的なお客様と想定した場合、その男性がどんな問題点を抱えているか想像してみるのです。

「出会いがなくて結婚ができない」とか、「年収1000万円超えたいがなかなか難しい」とか、「趣味を共有できる友達がいない」とか、いろいろな問題点がたくさん見えてきます。

それらの問題点のうち、あなたのビジネスがどの問題を解決するかをはっきりさせるためにも、まずは100個ぐらい書き出してみるのが理想的なのです。

100個も問題点を書き出すのは大変だと気持ちがくじけてしまうかもしれません。

でも、問題点を6つの項目に分ければ、100個考えるのはそれほど難しくありません。

お客様の問題は、次の6つの項目に分けることができます。

まず1つ目は、「不安に関する問題」。

例えば、将来老後が不安だとか、金銭的な不安があるとか、健康状態が不安だとか、結婚生活がうまくいくかどうか不安だとか、そういった不安に関する問題です。

これをまず思いつく限り列挙してみましょう。

2つ目は、「不満に関する問題」。

今の会社の待遇が不満だとか、家族に対する不満だとか、通勤の環境に不満があるとか、今持っているパソコンに不満があるとか、社会そのものに不満があるとか、そういった不満に関する問題を挙げていきましょう。

3つ目は、「悩み」。

例えば、金銭面で悩みを抱えているとか、人間関係で悩んでいるとか、薄毛で悩んでいるとか、そういった悩みを挙げていきましょう。

4つ目は、「痛み」。

お客様の問題点を書き出す

1. 不安に関する問題

2. 不満に関する問題

3. 悩み

4. 痛み

5. 解決したい問題

6. 満たしたい欲求

肉体的な痛みだけではなくて、精神的な痛みについても列挙しましょう。例えば、肝心なときに友達がいてくれないのは辛いとか、誰も誕生日を祝ってくれないのは辛いとかですね。

5つ目は、「解決したい問題」。

現在の住まいにどうしても解決しなければならない問題があるとか、プライベートと仕事を両立するために解決しなければならない問題があるとか、出勤時間を変更してもらわないと育児に支障が出るとか、そういった解決したい問題を列挙してみてください。

6つ目は、「満たしたい欲求」。

5つ目までは問題を挙げていましたが、

ここでは満たしたい欲求を挙げてもらいます。

例えば、海外旅行に行きたい、いい暮らしがしたい、モテたいといったお客様の満たしたいと思っている欲求をリストアップしていきます。

これらの6つの項目の問題を1項目につき15個リストアップできれば、合計90個です。残り10個は頑張れば思いつくでしょう。

また、100個の問題はかぶってもいいので、思いつく限り書き出してみてください。お客様の問題なんて3つぐらい想定していればいいだろうと考えている人も多いかと思いますが、そういう人は、あまり売れる商品を作りづらいと思います。

悩みや問題をたくさんイメージできるほど、そこからさまざまなアイデアを思いつくことができます。


それでは、お客様の問題を100個考えることができたら、次にその中で、そのお客様が最も改善したい問題は何か、一番強い問題は何かを突き止めます。

そうしてその一番強い問題を解決する商品やサービスを考えるのです。

まずはそれを優先して、1つ作ることができれば、残りの99個から次に一番強い問題を考え、それをもとにさらに新しい商品を作っていくのです。

このようにお客様の問題は何かということに焦点をあてることで、お客様ファーストのビジネス、お客様の問題を解決するビジネスを創造することができます。

これが本来のビジネスの考え方であり、自分の価値観をお客様に押し付けたり、自分にできること、つまり自分のスキルに根ざしただけのビジネスを考えたりするのは、間違っています。お客様ファーストで考えることがビジネスの基本だということを忘れないでください。

世界一簡単な「USP」の創り方〈ステップ3〉

ステップ3は、「アフター像を作る」です。

アフター像とは何かというと、お客様があなたの売っている商品やサービスを購入した後になる状態のことです。

お客様というのは、ある商品を買おうとするとき、必ず変化を望んでいます。この商品を購入して使うことによって自分の人生がどう変わるんだろうと、「購入した後の世界」を想像しながら購入するのです。

ですから、USPを作るには、お客様が思い描いているアフター像をはっきりさせる必要があります。

まず、ステップ2で書き出した「一番強い問題」を解決すればどうなるのか、その変化を書き出してみましょう。

例えば、私が、サブスク（サブスクリプション＝月額定額制課金制サービス）で行なっているマーケティングを例に挙げると、実際に集客で悩んでいる人はすごく多いので、そのお客様の問題に対して、私は「3ヶ月で集客の悩みをなくす、集客の天才オンライン」というSP（セールス・プロモーション）を作るという結論に至りました。

このキャッチコピーこそが、まさにアフター像を示しているわけです。

他社とは違って、うちは3ヶ月で集客の悩みをなくしますよ、そういうサービスをしていますよ、と潜在的なお客様に対して、うちのサービスを利用していただいた「後」の世界を提示しているわけです。

このステップで、アフター像を明確にすることによって、私の例のように効果的なキャッチコピーも自然と思いつくようになります。

世界一簡単な「USP」の創り方〈ステップ4〉

さて、最後のステップ4は、「お客様への確約」です。

最初にお話ししたように、私にとってUSPとはお客様に究極のお約束をすることです。

例えば、「30分以内に必ずピザお届けする」とか、「満足いただけなければ全額返金保証を致します」などの確約です。

そういった確約をすることが、あなたやあなたの会社独自の強みになるというわけです。

ですから、USPを作る際には、最後のステップとして自分がお客様に確約できることは何かということを考えてほしいのです。

「このサービスを通して何を確約できるんだろう？」

そういった問いかけをしてみてください。

お客様に対する確約を作ることができると、自ずと商品の売れ行きも変わってきますし、それだけでなく、商品に対する愛情も深まり、お客様を大切にする気持ちも生まれてきます。

ただし、お客様に対する確約を考えるのはずいぶん難しく、なかなか思いつかずにスランプに陥ってしまう人も多いため、確約を作るのが簡単になるオススメの3ヶ条がありますので、ご紹介します。

3ヶ条の1つ目は、「期限を決める」。

究極のお約束を考える上での期限を決めてしまいましょう。

いつまでにするのかを決めないと、いつまで経っても、グルグルと考え続け、結局何も決まらないということになりがちです。

まずは、どんな確約でもいいのです。とりあえず作ってみましょう。それがダメだったのなら、さらにブラッシュアップしていけばいいので、期限を決めてとりあえず作ってみる。これが大切なポイントです。

3ヶ条の2つ目は、「完璧主義をやめる」。

現代は完璧主義の時代ではなく完了主義の時代です。

つまり、物事に完璧を求めるよりも、物事をまずは完了させることを優先する時代ということです。完璧主義は、確かに商品のクオリティを上げる可能性を秘めていますが、逆に完璧を求めるあまりに期限を守れなくなるというリスクもあります。

お客様は必ずしも完璧な商品を望んでいるわけではありませんし、それよりもむしろスピードやサービスの充実といった側面を求めている方が多いのが現実です。

お客様への確約も、完璧主義の立場から考えようとすると、なかなか思いつかなくなります。「完璧じゃなくていいんだ」と肩の力を抜いて考えてみたほうがいいでしょう。

3ヶ条の3つ目は、「上手いUSPを見つける」。

自分で確約を見つけるのが難しいと感じたら、他の上手くいっている人や、上手くいっている会社のキャッチコピーを研究してみましょう。

自分自身で考えるよりも、そういった現に上手くいっている他者のUSPで「これは上手いなぁ」と思うものを参考にし、それを自分の立場に置き換えてみて、取り入れてみるのです。

さて、いかがでしたか？

自分のＵＳＰを創ることができれば、あなたの商品、売上、すべてガラっと変わっていきます。今日からすぐにＵＳＰづくりに取りかかってください。

大手が必ず行う事業構造のパーツ分けについて

なぜ、大手企業には部署がたくさんあるかご存じですか？

企業によって微妙に違いますが、多くの企業はだいたい次ページのような部署で構成されています。

大手企業がなぜこんなに部署を分けているのかというと、ビジネスを大きくするためにはこれだけのパーツが必要だからなのです。

一般企業の部署構成

管理部門

・総務部
・経理部
・人事部
・法務部
・廃棄部

生産部門

・製造部
・品質保証部
・購買部
・物流部

開発部門

・開発部
・知的財産部
・生産技術部

営業部門

・営業部
・マーケティング部
・新事業企画部

しかし、個人事業主やビジネスを始めたばかりの人は、自分のビジネスをパーツに分けていないため、たった1人でこれを全部同時にやろうとするので、すぐにいっぱいいっぱいになってしまいます。

現在のあなたのビジネスにはどのようなパーツが必要なのかを考えてみましょう。

自分のビジネスには仕入れが必要で、販売があって、ホームページも必要で、マーケティングも必要、というふうに紙に書き出してみてください。これを書き出してみて、パズルを組み合わせるように自分のビジネスがそれで上手くいくかをイメージしてみてください。

例えば、マーケティングだけができても、お金の管理（経理）ができてなかったら会社は倒産してしまいますし、お金の管理ができていてもコンプライアンスを遵守（法務）しなければ大変なことになります。

例えば私が販売しているYouTubeの動画コンテンツ「集客の天才オンライン」がどんなパーツでできているかというと、まずオーナーは私、喋っているのも私、マーケティングも私がしています。運営は秘書に任せていて、会計も秘書が行い、税務は顧問税理士、法務は顧問弁護士に頼むことによって、ビジネスが成り立っています。

これを見てもわかると思いますが、ビジネスとは1人で行うものではありません。1人ではできませんし、1人で大きくすることもできないものなのです。

そのため、まずはパーツに分け、人に頼んで委任していくというふうに考えることで、上手に他人の力を借りてビジネスを発展させることができます。

事業内容をパーツごとに分けて考えると、自分のビジネスのどこを改善すべきか、どこが弱点なのかがよくわかるようになります。そして、どのパーツを人に委任すればいいのかもわかるようになります。

パーツごとに分けて他人に仕事を委任するときに注意しないといけないのは、どこからどこまでの仕事を委任したのかを明確にすることです。

お願いされた側からすると、どこまでやっていいのかがわからないと、仕事がしづらいですし、実力も100パーセント発揮できないでしょう。

ですから、他人に委任する際には、どこからどこまでをお願いしますとはっきりさせることが必要です。

他人にパーツを委任すると聞くと、難しく感じるかもしれませんが、要は「取り分」と「責任」を分配すればいいのです。

例えば中国語教室を副業で行う場合。必要な大きなパーツは、左のものが挙げられます。

▼講師（授業担当）
▼運営（顧客管理）
▼マーケティング
▼オーナー
▼会計

あとはできれば契約書のチェックなどのために法務として、弁護士などがいれば、ビジネスが展開できると思います。

次に、パーツごとの取り分を決めましょう。

▼講師　生徒数×売上の10％
▼運営　生徒数×売上の10％
▼マーケティング　営業利益の50％
▼オーナー　営業利益の50％
▼会計（安定的にお客様が増えるまではオーナーが行う）

売上というのは、お客様からいただいたお金です。営業利益とは、経費を除いた額です。経費は、教材費を10パーセントで手配し、広告費を売上の20パーセントと計算して使うようにします。

数学の授業みたいで、難しいかもしれませんが、これが理解できるようになると、ビジネス上のストレスが一気に軽減されます。

では、さらに具体的な数字に置き換えますと、この中国語教室の月謝が1万円であり、30名の生徒がいる場合、数字は次のようになります。

売上高	30名×1万円		30万円
人件費	講師	生徒数30名 ×売上の10%（1000円）	3万円
	運営	生徒数30名 ×売上の10%（1000円）	3万円
経費	広告費	売上20%で計算	6万円
	教材費	売上10%で計算	3万円
人件費を含めた経費の合計金額			**15万円**
残金	売上高30万円－経費15万円		15万円
集客	営業利益の50%（15万円×50%）		7万5000円
オーナー	営業利益の50%（15万円×50%）		7万5000円

会計は、安定的にお客様が増えるまではオーナーが行うとし、この会計は経費に含めずという契約にすると、パーツごとの委任をしながら、ビジネスが可能です。

オーナーは実際、何も作業しなくてもOKです。

ただ、この金額だと講師と運営はモチベーションが上がらないので、いかに生徒数を増やしていくかという戦略を考える必要性が重要となってきます。

そうして、実際に生徒数が増えれば、会計も委任でき、オーナーがやるべきことはなくなってきます。オーナーの唯一のパーツは、「責任者」という役割です。普段、オーナーは何もしなくてもいいので、それだけでも問題ないのですが、生徒さんとのトラブルや、業務委託をしている講師とのトラブル、会社を作ったり、融資を引っ張ってくるときの連帯保証人の確保など、いろんな責任がオーナーには必要になってきます。

いつか、この本を読むあなたが、副業から一気にビジネスを大きくしたときのためにも、1つだけここにヒントを残すならば、その「オーナー」も委任することが可能なんです。

アドバイスをする能力や知恵、知識は必要ですが、オーナーを委任し、自分はこの会社のアドバイザーという立場になれば、一切の責任を負うことなく、アドバイザー契約料金をもらうことも可能です。そうすれば、使命のみで生きることができるようになり、ストレスフリーなライフスタイルを築くことが可能です。

最小限の固定費に抑える

さて、前項で営業利益と経費の話が出ましたが、経費についてもう少し突っ込んだ話をしてみたいと思います。

誰もが10年後の未来は読めない時代で、決まっていることは「固定費をできる限りかけないこと」です。

これはケチケチしたビジネスをするという意味ではありません。

固定でずっとかかる固定費ではなく、成長と利益の見込みに合わせて費用がそのたびに変動する変動費を選ぶべきということです。

固定費が恐ろしい理由の1つが、未来は誰にもわからないのにもかかわらず、「未来のお金」にも影響を及ぼしていることが問題です。また、時代の変化が早いということは、今、1つの副業で上手くいったとしても、予測不能な世界的な問題が起こったりした場合に、来年も上手くいくとは限りません。それでも請求が来るのが固定費なのです。

逆に言えば、固定費さえなければ、いつだってすぐにビジネスの形を変えることができます。

本業の経営者の場合に必要な固定費は次の5つが挙げられます。

▼従業員の人件費

▼事務所

▼リース代

▼広告費

▼メンテナンス費

しかし、副業の場合はこれらの固定費は必ずしも必要ではありません。副業の良さは、「所有しなくても良い」ことです。支払ってもいいと思える固定費は、次の4つです。

▼税金
▼自分の携帯料金
▼教育・有料メルマガなどの情報（今後、情報に価値が出てくるため）
▼フィットネスクラブ

さらに、唯一、僕がオススメする固定費が、「秘書」です。

秘書をつける!?

「秘書は今の私にはまだ早い」と考えるかもしれないですが、私は「成功していないときから秘書をつける人は、間違いなく成功する」と断言します。

ビジネスには、必ず「作業」が出てきます。作業とは「自分以外でもできる行動」です。

大きな利益を出せない主な理由として、作業時間に追われて、優先順位を見失い、忙しくて売上を出せていないことを挙げる人が多すぎるのです。

この「作業」をお願いできるのが「秘書」です。クラウドソーシングサイトなどで募れば、秘書は月3～5万円程度でやってくれる人が多数存在します。

秘書といっても、秘書検定を持っている必要はありません。簡単なパソコン入力さえできれば全然OKです！

また、秘書の仕事は、主婦の方からすると、ものすごくありがたい仕事なのです！年間で103万円の収入を超えないため、夫の扶養家族から外れず、そして、単純な在宅での作業なので子どもを優先した暮らしができるからです。

そのため、秘書の仕事に応募される方は多数存在します。その方に、仕事の面倒な作業部分をお願いすれば、あなたは、「あなたにしかできないこと」に集中することができるのです。

例えば、秘書の月給が3万円の場合、秘書に対する指示だけで、100万円以上の売上に繋げることだって可能なのです。

ポイントは、次の4つです。

▼事前に伝えていない作業を増やすのはＮＧ
▼事前に伝えた作業時間を超えるのはＮＧ
▼ノルマなどを与えることもＮＧ
▼ビジネスのすべてを伝えてしまったら、独立してしまうのでＮＧ

主に挙げられる仕事内容は、次ページに記載しておきます。
あなたが「面倒」と思っていて、ブレーキになってしまうことをお願いすることができるのです。

ただとにかく大切なのは、秘書の幸せになるようなことを徹底するということです。この秘書の方が気持ち良く、楽しく仕事ができるほうが必ず、良い結果に繋がります。秘書の誕生日のお祝い、秘書のご家族に対するフォロー、秘書にお子さんがいるときはお子さんの行事や病気などは優先しましょう。とにかく秘書の幸せを考え、行動するのです。この思いやりだけで、秘書の数倍の意欲的な行動に繋がり、仕事以上の行動を起こしてくれるようになります。

秘書に頼める仕事内容

- ▶ 売上に繋がる行動
- ▶ 会計・帳簿つけ
- ▶ 開業届・事業計画書・法人設立に必要な書類
- ▶ 何らかの申請・確定申告のサポート・補助金
- ▶ 集客に繋がる行動（ＳＮＳの投稿）
- ▶ データの管理・アンケートの集計
- ▶ 簡単な資料作成
- ▶ スケジュール管理
- ▶ 出張先のホテル・飛行機のチケット・会食の予約

秘書は、必ずしもあなたの部下ではありません。ともに副業を成功させるパートナーということを忘れないようにしましょう。


ここまで書いても、秘書を雇わない人がいます。

はっきりお伝えします。今から1時間以内に秘書を雇う行動を起こせる人は、何をやっても成功することができる積極的心構えがあります。

今から1週間以内に秘書を雇う（もしくは雇う行動を起こす）人は、次回からは、もっと積極的な心構えを持ちましょう。

今から1ヶ月以内に秘書を雇おうと考える人は、正直、「完璧主義」なため、何をやっても成功確率が低くなってしまいます。完璧主義は、あなた自身のブレーキとなるため、「やる！」と決めたら、即行動を起こせる「完了主義」に切り替えましょう。

「まずはある程度成功してから秘書を雇いたい」と考える人は、残念ながら、あなたの考え方のままだと、副業で理想的な利益を出すのは、かなり難しいでしょう。「秘書」を雇うことがすべてという意味ではなく、物事の捉え方が消極的心構えになっていることが問題です。

そして「秘書に支払う〝3万円〟がないんです」という方は、本当に支払えない額でしょうか？

秘書を含め、こういった未来に繋がることにお金を支払える方が、月に3万円以上の利益を出す可能性が高くなります。いつまで経っても稼げない人というのは、「可能性」を自分で狭めてしまっていることに気づいていません。

これから、副業で多くの「ありがとう」を集めようとしている人が、消極的心構えの持ち主であれば、周りはついてくるでしょうか？

お客様はお金を支払いたいと思うでしょうか？

そして、秘書を雇うことによって、秘書の給料をお支払いする必要があるため、自分自身に「当事者意識」が高まります。人間は何かに常に依存して生きていますが、このような「当事者意識」を高めることができれば、自分の人生をコントロールできるようになっていきます。

では、改めて質問です。あなたは、いつ、秘書を雇いますか？

顧客導線を明確にする

今度は、なぜ人々がディズニーランドへの行き方に迷わないのか、その理由についてお話ししたいと思います。

「なぜディズニーランド?」と思うかもしれませんか、これはマーケティングにおいてとても重要な要素である「顧客導線」に繋がる話なのです。

顧客導線とは、お客様を特定の場所へどのように導いていくのかということです。

この顧客導線について考える上で、非常にためになるのかディズニーランドなのです。

お客様をどのように、自然に、スムーズに導いていくかという点において、ディズニーランドは他社の追随を許しません。ディズニーランドに行ったことがある人ならわかると思いますが、舞浜駅からあれだけ遠いのに、ほとんどの人は気がついたらディズニーランドの入り口にいつの間にか立っていると思います。舞浜駅からかなり遠い道のりを歩いたという実感を持つ人はほとんどいないのではないでしょうか。

園内に入った後も、ちょうどいいところにトイレがあって、ちょうどいいところに飲食店があって、ちょうどいいところにグッズ売り場があるので、ディズニーランドにいる間かなりの距離を歩かされているにもかかわらず、かなり歩いたという実感を持つ人は少ないと思います。

しかも、一日遊んでディズニーランドから出た場所にも絶妙なところにグッズ売り場があって、最後に思わずお土産を買いたくなる仕組みになっているのです。

それから、スプラッシュ・マウンテンという有名な水に濡れるアトラクションがありますが、アトラクションが終わってちょうど降りたところにお手洗いがあり、女性がメイクを直せるようになっているそうです。その上、メイクを直している女性を待つ男性のために喫煙所や飲食店、ベンチが近くに置かれているのです。

このように、お客様を無意識に、自然に誘導することが顧客導線における最も重要なポイントです。ディズニーランドはそのお手本といっていいでしょう。


顧客導線は、何もアトラクションや遊園地だけに限った話ではありません。

皆さんが宣伝などに使うインターネットのサイトやＳＮＳにも顧客導線は存在しています。

あなたのページを訪ねた人が道に迷わないように、きちんと顧客導線をサイトにも作らなければいけません。インターネットを見ていると、「なぜこのようなめちゃくちゃな顧客導線なんだろう」と目を疑いたくなるような記事やブログがいっぱい存在しています。

顧客導線に関しては上手い人はとても上手いのですが、下手な人は本当に下手です。上手い人はお客様に一切のストレスを与えずにごく自然に注文させることができます。

例えば、ラーメン屋さんに入って注文の仕方がさっぱりわからない場合、人はストレスを感じます。ただラーメンを食べたいからお店に入っただけなのに、余計なことで煩わしい思いをしたくないのです。

ですから、お客様がお店に入ったら、すぐにどのように注文すればいいのかわかるようにしなければいけません。

そうしないと、食べたいという欲求を持ってお店に来てくれた人がそれ以外のストレスによって、そのお店でお金を使おうという気をなくしてしまうかもしれないからです。

顧客導線を作る上で大事なポイントは、小学生でも迷わない作りにすることです。

これは私のマーケティングの師匠である人も言っていることで、お客様を小学生ぐらいだと思ったほうが、きちんとした効果的な顧客導線を作ることができるのです。

つまり、小学生はインターネットのこともSNSのこともよくわかっていません。

そういう相手でもあなたのサイトやSNSを見に来た人が、すぐに何をすればいいのか、どこをクリックすればいいのか一目瞭然の状態にしないといけないのです。

大人だったら、ここをクリックすればいいというのはわかるだろうとタカをくくっていると、意外にわかりにくい顧客導線になってしまうのです。ですから、あなたのターゲットとしているお客様を小学生ぐらいの人なのだと思って顧客導線を作ると、誰にとってもわかりやすいシステムを作ることができます。

フェイスブックなどで「このビデオにはあなたが写っています」という悪意のあるメッセージでクリックさせようとする詐欺のメッセージが届くことがありますが、こんなもの誰も引っかからないだろうと思ったら大間違いで、意外にかなり多くの人がクリックしてしまっているようです。それくらい、何をクリックするべきで、何をクリックしてはいけないかをわかっていない人がかなりいるのです。

ですから顧客導線に関しては、入り口から出口まで一貫して、誰にでもわかりやすいような構造にする必要があります。

せっかくあなたが良い商品を用意しても、買うという行為に至るまでのプロセスがストレスフルだった場合、最初に買いたいと思った気持ちがどんどん萎《な》えていってしまいます。

アマゾンのすごいところは、これだけ世界的に大規模な企業になったにもかかわらず、とにかく一切のストレスなく、購入から商品の到着までがスムーズに行われることです。

しかも、あなたが興味を持つであろう関連商品を見せてくれたり、ワンクリックで商品が届いたり、定期的に購入したいものを届けてくれたり、買うということに対して徹底的に顧客導線を意識しているなと感じます。

私個人の経験を言いますと、写真館を経営しており、集客するためのＳＮＳの、記事の冒頭に「何よりもお電話での予約が一番簡単です」と電話番号を載せていたのですが、これが意外にも効果があったんです。

ＳＮＳ時代ですから、ＬＩＮＥやＳＮＳで連絡を取るほうが楽かと思うかもしれませんが、電話が一番簡単と伝えたら、蓋を開けてみると電話が一番多かったのです。

お客様には写真に関していろいろと質問したいことがあるので、さまざまな疑問を解消するには電話が最も手っ取り早いわけです。

そうして実際に電話をかけていただき、私と直接やり取りしてさまざまな疑問を解消させていただいた場合、ほぼ間違いなく成約していました。

ＬＩＮＥやＳＮＳだと結局やり取りが面倒くさくなったり、忘れてしまったりして、その場での成約率がかなり下がります。

というわけで、私の写真館では「電話が一番簡単です」という顧客導線が見事にハマったわけです。

これが、スーパーマーケットなどのお店の場合は、店頭の誰もが目にする場所に特売品を置くという手がよく知られています。スーパーの入り口にキャベツひと玉70円などと、お得な商品が置いてあるのを見ると、お客様の頭には「このスーパーは安い」

というイメージが刷り込まれます。

そうして店内に入ると左側通行で歩くように導線が設計されていて、生鮮食品、飲み物、揚げ物、お惣菜、お弁当などが導線に沿って置かれており、お客様は事前に予定していたお買い物をスムーズに行って、最後に買い忘れたであろうものをレジ前の店で発見した場合それも購入して、レジで会計を済ませるわけです。皆さんは、これをサイトやSNSでも同じようなことをするべきなのです。


私はよくお客様からこんな相談を受けることがあります。

「サイトに料金をしっかり書いているのに、お客様から料金はいくらか、規約の内容はという問い合わせがよく来るんです。なんでお客さんは読んでくれないんでしょうか」と。

これは、お客様の問題ではなく、顧客導線の問題にすぎません。

お客様が料金や契約について読まないのは、100パーセントそのサイトの顧客導線に原因があります。お客様は何も考えずに欲しい商品を買いたいという一心なので、基本的にサイトに書いてある細かい情報は読もうとしていません。

ですから、そういったお客様たちが自然と必要な情報を読むように顧客導線を設計する必要があるのです。

そうすることで、なかなか振り込みをしてくれないとか、必要な情報を提供してくれないとか、そういったトラブルを回避することができます。

また、クレジットカード払いをはじめとするさまざまなお支払い方法を用意することで、お客様にとってストレスなく買い物ができる環境を提供することができます。これも一種の顧客導線です。

例えば、簡単な3つの質問に答えてクリックしていただくだけで注文が済みますというような仕掛けを作ったりすると良いでしょう。

どんなに良い商品を用意しても顧客導線がしっかりしていなければ、あなたの商品は世に受け入れられることはありません。商品の質を高めることと同じくらい、顧客導線を意識しましょう。

営業しない営業方法

今回のテーマは「売らずに売れる方法」です。

売らずに売れると聞くと、なんだか矛盾しているなと感じる人が多いかもしれませんが、これはダイレクト・レスポンス・マーケティングというれっきとしたマーケティング手法の1つです。

一般人と大手企業の違い、ビジネスで成功できる人と成功できない人の違いは、実はこの方法を知っているか知っていないかなのではないかと思うくらい、とても重要なテクニックです。現に、私のマーケティングは、この方法を知ってからガラッと変わりました。

世の中の多くの人々は、ビジネスをするときに、最初に売上を立てようとしてクーポンを配ったり、営業販売をしたりしようとします。

松屋、吉野家、マクドナルドなどの大手企業もクーポンを出していますが、それらの企業が出しているクーポンと、普通の小さな飲食店が街頭で配ろうとしているクーポンでは、意味合いが全然違います。

前者は、すでにお客様が入ってくれるのは当たり前の状況で、販売促進やお客様へのサービスとしてクーポンを出しているのですが、後者は、その日一日の売上を立てなければならないので仕方なく出しているわけです。これは大きな違いです。

前者の企業は、売らずとも売れている、つまり、売ろうとしなくても売れているのに対し、後者のお店は、売ろうとしてやっと売れているわけです。

このダイレクト・レスポンス・マーケティングのポイントは、お客様が喉から手が出るほど欲しいものにフォーカスを当てるということです。お客様が欲しいものは何かを理解し、突き止め、それを用意するのです。

それとは逆のアプローチが、「自分が売れるものを売る」「自分がやりたいことをやる」というやり方です。これは自分ファーストなので、売ろうとしなければ売れません。

なぜなら、そもそもお客様がその商品を欲しいと思っているとは限らないからです。

しかし、お客様ファーストで、お客様が欲しいものは何か、お客様が解決してほしい問題は何かにフォーカスしてビジネスをすれば、売らずとも売れるという状態を整えることができるのです。

あのドラッカーも「マーケティングの理想は、販売を不要にすることである」「販売とマーケティングは逆である」という名言を残しています。自分が提供したいものからスタートすると失敗し、お客様の幸せからスタートするのがマーケティングであり、成功できるのです。

それでは、お客様にフォーカスしてお客様が欲しいものを突き止めるにはどうしたらいいのでしょうか。例えば、アンケートを取って、お客様に欲しいものを聞くというのが代表的な例です。

この売らずとも売れる方法は、恋愛に例えるとわかりやすいかもしれません。

恋愛でも、「僕は君のことが好きだ、好きだ、好きだ」とごり押しすると、たいていの場合は嫌がられます。こういう恋愛はあまりうまくいきません。相手が、自然とあなたと一緒にいたくなるような、気づいたら相手があなたのことを好きになっていた、というような態勢を整えることができている人のほうがモテますよね。

この売らずに売れる方法は、当然、世界的な大企業も使っています。

例えば、グーグルやアップルに営業されたことがあるという人、ほとんどいませんよね。iPhoneやアップルウォッチ、グーグルの検索エンジン、YouTube、誰かに営業されたから興味を持ったなんて人は皆無だと思います。それらは、上手い具合にお客様である私たちが自然に興味を持つように仕向けているのです。

普段生活しているとき、街を歩いているとき、テレビを見ているとき、ネットを見ているときに、それらの商品やサービスを「欲しい」「見たい」という感情を、自然と植え付けられているのです。

これを私は爆弾と呼んでいます。知らず知らずのうちに爆弾を設置されていて、グーグルやアップルが着火したとたん、私たちの中で「欲しい！」という感情が爆発するようになっているのです。

もちろん、そうやって購入された商品が、粗悪なものだったら売れませんが、当然iPhoneもアップルウォッチも優れた商品ですから、大ヒットしていくわけです。

ダイレクト・レスポンス・マーケティングの例として、わかりやすい例をもう1つ挙げますと、皆さん一度は見たことがあるであろう、アメリカンホーム・ダイレクトのCMです。

あのCMの特徴は「悩んでいる方はこちらに電話してください」という文句に集約されています。それまでの保険会社は、一軒一軒営業マンがたずねたり、電話をかけたりして、「保険に入りませんか」と勧誘していたのですが、アメリカンホーム・ダイレクトは売らずに売る方法を採用したわけです。

「私たちは皆さんの悩みにお答えする準備が整っていますよ、だから悩みがある方はそちらからお電話ください」「私たちは押し売りをしませんよ」という姿勢が、顧客に安心感を与え、彼らのサービスを価値あるものだと思わせたわけです。企業がお客様のところに出向くのではなく、お客様に出向かせるように仕向けることができているわけです。

さて、それではあなたも自分の事業にダイレクト・レスポンス・マーケティングを取り入れてみましょう。どんなふうに取り入れればいいかわからない方は、次のワークをしてみましょう。

まず、

「あなたがこれまでに営業されずに買ったものは何か」

「なぜそれを買ったのか」

この2点を徹底的に考えてみましょう。自分の身の回りの持ち物や支払い明細を1つ1つ見て、自問自答してみてください。そうすると、ダイレクト・レスポンス・マーケティングのお手本がいくつも見つかるはずです。見つかったら、その方法を自分のビジネスに応用するにはどうしたらいいのかを考えてみてください。お客様のほうから自然と「買いたい」と思う新しい商品や新しい売り方のアイデアが見つかるかもしれません。

次に、「お客様が喉から手が出るほど欲しいものは何か」「自分自身が喉から手が出るほど欲しいものは何か」を自分に質問してみましょう。

自分だったらこう言われたら買う、こういう商品なら買う、ということを徹底的に掘り下げてみるのです。あなた自身が本当にそう思えるものなら、あなた以外の人も欲しくなるはずです。そこに、ダイレクト・レスポンス・マーケティングのヒントが隠されています。

売上を上げる方法は3つしかない

さて、前回は売らずに売れる方法について説明しましたが、そもそも売上を上げる方法は3つしかないということをご存じでしょうか。

「たったの3つ?」と驚かれるかもしれませんが、実はそれだけしかないのです。そして、この3つが売上を上げるための絶対に必要な条件でもあります。

売上を上げる方法は、以下の3つです。

1. お客様の数を増やす
2. お客様単価を上げる
3. お客様が買う頻度を増やす

これらを1つ1つ見ていきましょう。

まず、1つ目は、お客様の数を増やすことです。

お客様の数を増やせば売上が上がるのは当然ですが、多くの方は「これ以上お客様なんて増やせないよ」と感じているのではないでしょうか？

例えば、駅前のスーパーを経営している人にとっては、人は駅前にしかいないから、駅前でビラを配って集まる客数が限界といった感じに、「もうこれ以上新しいお客様はいない」という限界を自分の頭の中に設けてしまっていることがよくあります。

しかし、これは私がよく言う「欠乏マインド」というもので、自分自身が何かに「限界がある」と思い込んでしまった時点で、本当にビジネスが苦しくなっていくのです。「限界だ」と思い込んでいる人にとっては、新しいお客様の可能性が見えなくなるからです。それほど思い込みというものは、強いものなのです。

逆に自分の考えに限界を設けない「豊かさマインド」を持てば、お客様は無限にいて、そのお客様の問題を解決すればいいのだという考えになりますから、本当に新しいお客様の可能性に気づきやすくなります。

駅前での集客に限界を感じているのなら、オンラインに進出しようとか、宅配に進出してみようとか、いろいろな発想が出てくるわけです。

2つ目、お客様単価を上げる。

世の中には、「高額な商品を売っちゃいけない」「高額な商品を売っている人は悪い人だ」という思い込みを持っている人がいますが、現実にはそんなことはありません。

例えば、富裕層が買うものや、富裕層じゃなくても新婚旅行や車、家などに高額な料金を払うことは全然悪いことではなく、むしろ幸せなことです。

ですから、単価を上げること自体は、決して悪いことではありません。

でも実際には、かなり多くの経営者が、自分の自信のなさから安い単価でビジネスを始めてしまっています。

1万円、2万円の商品を売っている人は、一度、20万円、30万円の商品を考えてみてください。それを作って売り出してみれば、あなたの考えは180度ガラッと変わることは間違いありません。

「20万円もの高額商品が売れるかな?」と不安になるかもしれませんが、考え方を変えれば、売れる20万円の商品は作れます。どんな考え方かといいますと、「20万円の商品を作って、それに60万円分の価値を付与する」のです。

そうなれば、お客様から「20万円？　高いなぁ」ではなく、「え、本当に20万円でいいんですか？」というリアクションが返ってきます。

20万円と聞くと、高額だなと思うかもしれませんが、さらに価値のある商品にすれば、むしろ20万円は安く感じられるわけです。そうして客単価が上がっていけば、当然、売上は伸びていきます。考え方を思い切って転換し、ハイプライスの商品を1回作ってみてはいかがでしょうか？


3つ目、お客様が買う頻度を増やす。

お客様が商品を買ってくれるのは1回だけという思い込みを持っている人がいます。その思い込みを持っているのは、とてももったいないことです。

私がカメラマンとして活動していた頃、一番リピーター率が高かったのが「マタニティ撮影」でした。男性カメラマンだとちょっと難しいかもしれませんけど、マタニティ撮影の需要を掴むことができれば、おのずとリピートしていただけます。

例えば、マタニティ撮影は、出生1ヶ月前に最初の撮影を行いますが、その1ヶ月後にはお子さんが生まれるので、生後2週間以内に撮るニューボーン（新生児）フォトの依頼をいただけます。その後、生後1ヶ月で行うお宮参りの写真、生後100日で行うお食い初め、生後半年で行うハーフバースデー、1歳の誕生日と、1年間でこれだけのリピートをしてもらえる可能性を秘めているわけです。

ですから、マタニティ撮影を終えたときに、1年間の撮影スケジュールを伝えて、半年以内にもう一度ご予約いただけたらアルバムプレゼントをするなどの特典を用意すれば、自然とリピート率は上がっていきます。

日本で一番大きな写真館であるスタジオアリスという上場企業がありますが、あの会社ではマタニティ相談会というのを無料で行っていて、妊婦さんの問題を解決し、その場でご予約をいただいたら特典を差し上げるというふうにしているようです。アリスでは「増えデジアルバム」というのがあり、それが最も売れている商品だそうです。リピーターになると、アルバムをアリス限定で増やしていけるようになっているのですね。

このように、売上を上げる方法は、たったの3つしかなく、その3つを徹底的に考えて改善していくことで売上は自然と上がっていきます。

お客様の数を増やすために、お客様は無限にいるという発想に切り替えて考えてみれば、今までは思いつかなかったような集客方法を思いつくかもしれません。

お客様の単価を急に上げるのが不安だという場合は、同じビジネスをしている競合他社が単価を上げていないかを調べてみて、上げている会社があれば、それをまずは真似てみる（モデリングする）のもいいと思います。

お客様の買う頻度を上げる方法がなかなか思いつかないという方は、自分自身のことを考えてみましょう。自分が同じ商品を何度も買っているときは、「どんなときなんだろう？」「どんな商品なんだろう？」と自分に問いかけてみてください。そうすることで、お客様の気持ちにフォーカスすることができ、リピート率を上げるための方法を思いつくかもしれません。

本当は教えたくない即売上に直結するコピーライティングの9つの魔法

さて、商品やサービスを売り込む際に、皆さん「コピーライティング」で悩んだことはありませんか？

どんなコピーをつければ、より多くの人が商品に注目してくれ、たくさんのお客様に恵まれるのか？

難しい問題ですので、悩んでいる方も多いかと思います。

ここでは、売上に即直結する「コピーライティングの９つの魔法」について皆さんにお伝えしたいと思います。

コピーライティングというものは、何か文章を書くこと、とにかくいい文句を書くことが目的だと思っている人がいます。そうではなくて、コピーライティングの真の目的は「お客様の人生に変化をもたらすこと」なんです。

このことを基準に考えていけば、あなたの選ぶ言葉はおのずと変わっていくはずです。お客様の人生に変化をもたらすコピーを作る上で、この９つの点を守れば、自然といいコピーになるという「９つの魔法」があります。１つ１つ見ていきましょう。

まず１つ目は、「お客様の問題解決」。

すべてのビジネスは問題を解決するためにありますから、あなたの商品も誰かの問題を解決するものであるはずです。あなたの商品が、誰をお客様として想定し、そのどんな問題を解決できるのか。この点を明確にするコピーにしましょう。

2つ目は、「どのように解決するのか」。

あなたの商品がお客様の問題を解決することを明確にしたら、今度は「どのように」解決するのかをコピーに盛り込みます。その問題点を論理的に説明したり、数値化したデータを見せたりすることによって、コピーを読んだ人が「なるほど、そうやって解決するのか」と納得し、納得したことであなたの商品に興味を持ちます。

3つ目は、「読み手に安心感を与える」。

もちろんこの逆のやり方で、お客様の不安や恐怖心を煽《あお》るというやり方もあります。それで売れる場合もあるにはあります。むしろ、現代においてはそういった不安を煽るコピーのほうが売れる場合が多いかもしれません。例えば、最もクリックされているのは「閲覧注意」という言葉がコピーに使われている商品だそうです。閲覧注意といわれることで、人間に不安、恐怖心、ミステリアスな印象などを与えるので、人は思わずクリックしたくなるんですね。

ですが、この売り方が果たして正解かというと、買いたくない人にも恐怖を煽って買わせてしまっている可能性もあるので、やはり安心感を与えるコピーのほうがオススメです。例としては、「当社では一切営業の電話をいたしません」とか「送料無料」などですね。また、リアルなお客様の声を載せることで、成功事例や経験年数、表彰された実績などを示して安心していただくというのもいいでしょう。そのようなグッド・エビデンスを示すことで、お客様はこの商品には価値があったり、安心を与えてくれたりするんだなと思ってくれます。

これは、楽天などに出店している大手企業を見れば、だいたいどこもそういった手法を使っていることがわかります。売上ランキング上位の商品を見てみてください。ほとんど必ずといっていいほど、顧客を安心させる実績、お客様の声などが書かれています。それらを真似してみるだけでも、あなたのコピーライティングはグンとレベルアップするでしょう。

4つ目は、「特典をつける」。

これは最近の手法ですが、特典動画などスマートフォンで簡単に撮れ、コストがかからない動画や、有益な情報などを提供するという方法。経費はほぼゼロで、お客様には価値のあるプレゼントをすることができます。

もちろん経費ゼロではなくても、購入者全員にエコバッグプレゼントなんて特典もいいと思います。「特典がありますよ」となると、誰でもお得感を感じますから、買うかどうか迷っている人の背中を押すことができる場合があります。

5つ目は、「写真・映像で見せる」。

コピーライティングというと言葉を使ったものというイメージを持っている人が多いと思いますが、写真や映像を使って見せるのもとても有効です。特に日本人は視覚的なイメージを見て購入を決める確率が高いようです。

ですので、こまめに写真や動画をコピーに挿入することで、お客様を惹きつけるコピーを作ることができます。ＳＮＳなどを使った宣伝が効果的なのは、文章と写真や動画をセットにしてコピーを作ることができるからです。

6つ目は、「有名人を使ったブランディング」。

これも皆さんどこかで見たことがある手法だと思いますが、「芸能人の○○さんも使用！」などの宣伝文句を加えることで、見た人がその芸能人を知っていればさらなる安心感をもたらすことができますので効果的です。ただし芸能人に依頼するとなれば多額の費用がかかりますので、すべての人が利用できるわけではないと思います。

ただ予算が少ない場合は、あまり有名ではない芸能人を起用しても、あるテクニックを使えば予算以上の効果を生むこともできるかもしれません。それは「あの」という言葉を使うテクニックです。「あの誰々さんも使用しています」といった感じで、人名の前に「あの」という言葉をつけるだけで、その人がなんだかすごい人のように思えてしまうわけです。あるいは、「あの業界で有名な」という言い方も効果的です。とにかく名詞の前に「あの」をつけてみると、なんだかすごそうに思えるのです。

ただし、もちろん嘘はいけません。ちゃんとその人の許可を取って使わせてもらってください。

7つ目は、「競合他社と比較し強みを強調する」。

例えば、A社、B社、C社と比較した場合に当社の商品はこんなに結果が違いますといったふうに、自社の商品の強みを他社の商品との比較で押し出していくわけです。

その場合にポイントになるのができるだけ大手と比較したほうが、自然とブランディングが成功するんです。自分の会社は無名なのに比較する他社が大手であれば、自ずとセルフブランディングに成功し、自社の知名度を上げることができるのです。

8つ目は、「100パーセント断れないオファーを考える」。

もちろんお客様が完全に断ることができないオファーを作ることはできないと思い

ますが、例えば今なら1年間無料というオファーならほとんどの方がそれなら買おうと思うはずです。これを利用したのがかつてのソフトバンクで、iPhoneを世の中にこれだけ広めたのは「実質0円」という4文字だったのです。この4文字には凄まじい効果がありました。

実際にiPhoneの所有者たちは月々1万円ぐらい払っていたんです。にもかかわらずその本体代を実質0円、つまりほとんど代金を支払っていないかのような感覚を持たせて、しかも2年縛りで支払わせていたのです。2年縛りなら合計24万円も支払っていた計算になりますが、当のiPhoneユーザーたちは感覚的には実質0円だったのです。

このように顧客の経済的な痛みをなくす、痛みを麻痺させるといったところにフォーカスしたコピーやオファーを考えてみましょう。そうすることでさらに売れやすくなっていきます。

9つ目は、「緊急性、希少性を演出する」。

緊急性や希少性を演出するということはどういうことかというと、例えば「限定5個。本日限り」といったコピーがそれにあたります。

こういったコピーは効果的なのでできるだけ入れたほうがいいでしょう。大切なのはなぜ限定なのか、なぜ本日限りなのかの理由をきちんと説明することです。その理由にお客様が納得すれば、「それだったら仕方ないな」と思って購入意思を固めてくれるようになります。

今回は、私のコピーライティング技術の中でも、特によく使う9つの魔法を紹介しました。ぜひ、あなたのコピーライティングに活用してみてください。

コピーライティングの９つの魔法

1. お客様の問題解決

2. どのように解決するのか

3. 読み手に安心感を与える

4. 特典をつける

5. 写真・映像で見せる

6. 有名人を使ったブランディング

7. 競合他社と比較し強みを強調する

8. 100%断れないオファーを考える

9. 緊急性、希少性を演出する

第4章

あり得ないことをすれば
あり得ないほどお客様が来る

「あり得ないサービス」とは何か？

近所にある居酒屋さんの予約がいつも取れなくて、レビューを読んでいたら、不思議な言葉にたどり着きました。

「あの10円がすべてを物語っているよね！」と数名の方が書いているのです。本当に、こぢんまりとした居酒屋なのですが、レビューの数はこの辺りではグンを抜いており、評価もほとんどの方が最高の星5です。

どうしてもそのお店に行きたくなり、あきらめずに予約をし続けた結果、2名の空きがあり、友人と一緒に行きました。

当日、店員さんから渡されたのが「ありがとう」と書かれた包み紙。中にはメッセージと5円玉が2枚の10円が入っていました。これだけ予約が取れない店なため、もちろん予約なしでは入れません。

つまり、誰もが「電話予約」をするため、「その電話代をお返しします」というわけで、5円玉2枚はこれからのご縁を願ってとのことです。

お料理や人柄、おもてなし、どこを取っても素晴らしく、あの心の温かさに触れたくて、このお店は常に満席なのだなと納得しました。

これこそが「あり得ないサービス」です。

皆さんもご存じの通り、ディズニーランドではアルバイトの人が当事者意識を持ち、落ちているゴミでさえエンターテイメントに変えてしまいます！

その出来事は、さらに口コミで広まり、新たなお客様を招くということです。

ディズニーだけでなく、行列ができる店の多くも「あり得ないほどのデカ盛り」「あり得ないサービス」を目玉とし、行列と繋がっています。

つまり、「あり得ないことをすれば、あり得ないほど依頼が来る」となります。その「あり得ないこと」は、決してお金を多く使う必要性がありません。

前述の居酒屋さんのように、たった5円玉2枚でも人々を感動させることができるのです。

人の心を揺さぶるような「あり得ないこと」とは何かにフォーカスし、物事を考えてみてはいかがでしょうか？

そうすれば、あなたの副業の商品は爆発的に知られることになるでしょう。

もう1つオススメは、「1円以下のサービスは、すべて行う」ことです。

マクドナルドのスマイル0円、スターバックスコーヒーがコーヒーにメッセージなどを書いたり、ラーメン屋の一蘭が「いらっしゃいませ」の代わりに「しあわせ〜」と言いながらお客様を招いたり、お客様のお誕生日・記念日にはメッセージをお送りしたり、従業員マニュアルには書いてないような、人として素敵な行動をしてみるだけで、お客様に値段以上の価値を感じてもらえます。

ただ商品をお渡しするのがビジネスではなく、お客様に感動を与えるようなビジネスをすれば、お客様の心は「感」じて「動」き始めることになります。

実質ゼロ円で日本中に売れたiPhone販売方法

現在は携帯電話の0円端末の販売は禁止とはなったのですが、iPhoneをここまで日本に浸透させた販売戦略は、第3章のコピーライティングのところで説明した「実質ゼロ円」という販売方法でした。

お客様はいつだってお金を支払うときに、「痛み」を感じます。この「痛み」をどれだけ和らげるかによって注文数は大きく変わってきます。

経営をしたことのない人の中には「安売りはしたくない」と考える人がいますが、大きな結果をもたらすためのキャンペーンは、どんな大手も行っています。

例えば結婚式場は、最低限の見積もりからスタートし、そこから新郎新婦のご希望を聞きながら追加していくため、費用がどんどん大きくなっていきます。

これはお客様の望むものを聞いているため、もちろん別に悪いことではありません。「試供品を配ったほうが売上が上がる」のと同じで、まずは、入り口のハードルをグーンと下げるのです。

ソフトバンクは常にこの戦略を行っており、最初にとにかく「無料」で商品・製品・ポイントなどをばらまきます。そして、周知されたところで、課金していくのです。初めから終わり（ゴール）をイメージして作られた戦略であり、それだけの体力があるからこそできるのだと思います。

ただ、iPhoneは、毎月お金を支払っているにもかかわらず、お客様はネット代だからという感覚で、ほとんどタダでiPhoneを手に入れている感覚となっています。

iPhoneの本体代は、性能の良いパソコンと同等ぐらいにもかかわらず、2年に1回iPhoneを買い替えてしまう人も多いのは、とにかく支払いの痛みをなくし、利便性と楽しさのほうが増している結果と言えます。

オークションで商品を販売するときも、安値で出すよりも、（ある程度有名な商品ならば）1円からスタートしたほうが、結果、高値で売れるのと同じなので、とにかく、とことん販売の入り口のハードルを下げてみてください。

▼まずは無料でお試し

▼最初は30分無料コンサル
▼1年間無料

そして無料体験後に、今、ご購入いただけた場合には、次のような特典があるとすれば、お客様の「痛み」が購入の喜びに変わっていきます。

そのお値段の3倍以上の価値を提供すること。

お客様ファーストで考えること。

お客様に感動を与えること。

間違ってはいけないのは、その商品を売ろうとしないことです。そのお客様の問題解決を全力で行うのです。それが、ビジネスの成功につながります。

お客様は変化を望んでいる

お客様はその商品を買っているのではなく、その商品を手に入れることによって自分の人生にもたらす「変化」を買っているのです。

例えば、掃除機の場合は掃除機を買っているのではなく、最新掃除機を買うことによって部屋が前よりも綺麗になることによって快適になり、心が澄んだ気持ちになるという変化のために、お金を支払っているのです。

つまり、お客様が知りたいのは、この商品を買うことによって、自分の人生にどんな変化をもたらしてくれるかなのです。

ですが、販売者のほとんどが、お客様より先に自分の商品に惚れてしまっているため、商品の仕様の説明ばかりを書くのです。

例えば、あなたが乗る予定の飛行機に対して、飛行機のエンジンや機材のすごさの違いを見たりしますか？

そうではなく、希望の時間通りに到着できるのか、移動時間をいかに快適に過ごせるかといった、自分の身に起きる変化を基準にして選択すると思います。

アマゾンや楽天のランキング上位の商品を眺めてみてください。それらの商品説明は、ちゃんとお客様の人生をより幸せに、豊かに、快適にするためのものになっています。

あなたの商品の仕様を全く文言に入れないほうがいいというわけではなく、お客様の変化をイメージさせることを優先し、そのために必要な仕様の説明であるなら、それは問題ありません。

もう1つ、あわせて考えていただきたいポイントが「お客様はバカを見たくない」ということです。

自分の意思で購入した商品が、想像と違ったとき、お客様は絶望してしまいます。そのため、お客様は商品選びに慎重になります（だから、前項目で書いた試供品戦略はお客様が安心して購入できるためオススメです）。

ですから、お客様のリスクに対して、きちんと対応してサービスを考えることが必要になります。最も効果的なのが「全額返金保証」。お客様に必ずバカを見させませんと確約しているのです。

例えば、時間的リスクに対しては「30分以内にピザをお届けできない場合は500円引きのクーポンを配布」（ドミノ・ピザ）したり、破損リスクやサイズが違う場合に対して、「商品を取り替えます」と事前保証をしたりするなど、さまざまな対応の仕方があります。

想像と違う場合には、「ご満足いただけない場合は30日以内に返金保証」しますというのもいいと思います。使ってみないと面白いかどうかわからない商品のリスクとしては、「最初の●か月無料」としている企業も多いですね。

例えば、ギター教室をしているならば、「3か月以内にギターで一曲弾けなければ全額返金保証」にするというのもアリだと思います。このような表現だと、お客様は安心して、自分の変化をイメージすることができ、そこまで責任を持ってくれるのであれば、と契約してくれやすくなります。

もちろん、この場合の注意点は、事前にお客様に見せる規約に、「こちらが提示した宿題を毎日15分以上行うこと」など、責任を持って結果を出すための条件も記載しておきましょう。

モノを売る時代じゃない、物語を売る時代

高級焼肉店も美味しいですが、ワンコイン以下で食べる牛丼も美味しいように、文明が発達すれば発達するほど、モノはどんどん良くなり、価格も安くなっていきます。

副業も新規参入しやすいため、どんどん価格破壊を起こし、どんなサービスも安価で手にすることができてしまいます。

では、そんな時代でも、売れ続ける商品とは？

今は、モノを売る時代ではなく、物語を売る時代なのです。

普通に映画を公開するよりも、テレビドラマで放送し、その物語を知ってもらってから「映画化決定！」と表現するほうが、映画館に行く人たちが確実に増えます。

インスタグラムでも普段の投稿よりも、ストーリー（物語）のほうが閲覧数が高く、あのナイキは、「靴」という物に対するＣＭを行わず、必ずナイキの靴を履いた人の物語をＣＭにします。

つまり、一番強い物語を持っている人が勝つといわれております。

例えば、翻訳者が自身の仕事の説明で、「フェイスブックで出会ったアメリカ人女性に恋をしたが、言葉が上手く伝わらないので、英語をとにかく勉強し続けた。だが、それでもこちらの感情が上手く伝わらないときがあるので、翻訳の副業を始めた結果、その女性に真摯《しんし》に愛を伝えることができ、無事に結婚することができました。私は、英語と日本語の微妙なニュアンスに対して、感情を大切にする翻訳サービスを行っております」

こんなことを書いていたら、血の通っていない翻訳機ではなく、この人自身に翻訳の依頼をしてみたいと思う人が出てくるのではないでしょうか?

「平凡な人生だった」人なんて、本当は存在しないはずです。昔、病弱だった人が入院中のお医者さんの優しさに触れて医者を目指したり、市民を守る警察官がカッコよくって警察官を目指したりする感動物語のように、あなたがその副業を始めるきっかけになったこと、この商品が生まれるまでの出来事を思い出し、それをまるでベストセラーの序章のように書いてみましょう。

あなただけの物語を読みたくて待っているお客様が必ず存在します。

フェイスブックが起こした副業の可能性

インスタグラムやYouTubeがどれだけ勢いを増したとしても、フェイスブックが消えることはありません。なぜなら、フェイスブックは人との「繋がり」のために存在しているためです。

従来、マーケティングの難しかったところは、顔も名前も知らない人たちと繋がることでした。それが、今ではいとも簡単に世界中の誰とでもリアルタイムに繋がることができるようになりました。ただ、顔も名前も知らない人たちが、あなたの商品のことを受け入れてはくれないかもしれません。

なぜなら、人は営業されるのが嫌いだからです。では、人間はどのようなときに「信頼」をするかというと、心理学では「2つ以上共通点がある人には心を開きやすい」といわれています。

例えば、あなたがバンドのONE OK ROCKを好きだとして、ONE OK ROCK

のライブで、同じ中学校に通っていた人と出会ったら、心を開いて会話を続けないでしょうか？　このように、共通点のある人と繋がるだけでいいのです。

そこでオススメは、あなたが関心のあるフェイスブックグループに入れるだけ入ってみてください。（一度に新規で入りすぎると制限がかかるため、連続では入らず、時間を置いてください）。

そして、そのグループにとって嬉しい投稿をするようにしてください。どういうことかというと、このグループの人たちの問題解決、ありがとうの数を集めるのです。こういったフェイスブックグループは数えきれないほど存在し、そして自由に作成することもできます。

例えば、1万人が入っているグループに投稿をすれば、1万人の人が見てくれる可能性があるということです。SNSがない時代に集客を行うときには、新聞折り込みなどに多額のお金を支払い、宣伝をしていました。

それが、現代では、無料で、自分のタイミングで、何度でも投稿することができるのです。

ただし、以下のポイントに気をつけてください。

①そのグループの規約に基づき、グループの人たちにとってプラスになる投稿を心がけましょう。

②直接的な販売や営業行為ではなく、間接的な認知に徹していきましょう。

あのドラッカーは「マーケティングの目的は、販売を不必要にすることだ」と伝えました。極端に表現すると、売り込んで売れるのはマーケティングではないのです。お客様を第一に考え、お客様から商品を欲しいと望まれている状態がマーケティングの目的だという意味です。そのため、普段のフェイスブックの投稿もグループでの投稿も、直接的に何かを営業したり、販売したりするのではなく、グループの問題解決に徹しましょう。

例えば、車やバイクが好きな人が入るフェイスブックグループに参加し、「家族のように大切なお車を、写真に美しく残してみませんか?」と、撮影を行う投稿をすると、これは、車が大好きな人たちの問題解決となり、「ありがとう」の数が集められるのです。

フェイスブックの投稿は無料なため、予算を気にせず、何度も何度も積極的心構えを持って投稿することをオススメします。そうすれば、お客様が何を望んでいるのかが見えてくるようになってきます。

フェイスブックを簡単に見込み客5000人にする方法

フェイスブックの最大友達人数は5000人となっております（それ以上はフォローすることはできますが、友達でしかコメントはできません）。5000人と言いますと、アリーナクラスであり、もう少しで武道館でのライブができる人数です。

紅白歌合戦を行なっているNHKホールでさえ、最大収容人数は3800人となっております。つまり、フェイスブックの友達が5000人になると、全国アリーナツアーでライブを行うミュージシャンと同じぐらいの人たちに、影響力を与えることができるのです。

しかも、フェイスブックのシェア機能を上手く活用すれば、一気に武道館を越えて、東京ドームを埋め尽くす可能性も秘めています。

当たり前ですが、ここの数が大きければ大きいほど、たくさんの人たちに認知していただく可能性が高くなりますが、自分が理想としない人が友達となっても困ると思います。せっかくならば、アーティストになった気分で、自分のファン５０００人に囲まれてみたくありませんか？

それは普段から、５０００人以上の人を想像し、発信し続けることが理想的ですが、なかなかそれが難しい方へ、心理学をベースにフェイスブックを上手く活用する方法を公開します。

①前項で伝えた、自分が興味ある、好きなグループにたくさん入ります。
②そこのグループで好まれるような投稿を繰り返します。
③そのあなたの投稿や、他の人の投稿で、「ハート」の「いいね」を押している人に、友達申請を出して、メッセージを送ります。
※友達申請は一度に大勢すると制限がかかるため、少しずつ増やしていきましょう。

勘の良い方なら、これだけで私の言いたいことがもう理解できたのではないかと思います。「ハート」の「いいね」を押す人たちというのは、愛に溢れています。この愛に溢れている人たちに、友達申請とメッセージを送ると、愛に溢れた人たちと繋がっていくことになります。

ただ、絶対に守っていただきたいことがあります。それは、その人たちは愛で繋がった人たちなので、裏切るようなこと、不快に思われるようなことは絶対しないでください。なぜ、あなたがその人たちに友達申請を出したのか、どうしてその人たちと繋がっていたいのかをしっかりメッセージで送ってください。

大切なことなので、もう一度お伝えしますと、この人たちに営業行為や裏切る行為は絶対しないでください。目的を持って真っ直ぐ生きていると、人は必ず応援したくなっていきます。普通の「いいね」を押す人よりも、1つ動作を増やしてでも「ハート」の「いいね」を押せる人というのは、あなたの背中をも押してくれる人になってくれます。

5000人という人数は、一気に増えるのではなく、1人1人の積み重ねです。想像してみてください。そうして5000人によってアリーナをパンパンに埋め尽くしたステージで、あなたはマイクを通して何を伝えるのでしょうか？

ここで営業を行うと会場はシラけるでしょう。この5000人の人たちをイメージし、この5000人の人たちの問題解決をファーストに考えれば、人々に感動を与え、スタンディングオベーションで鳴り止まない拍手が続き、それが会場の外へも連なっていくでしょう。

これが理想的なマーケティングであり、それがフェイスブックでは無料で行えるのです。5000人の前で行う、あなただからこその最高のスピーチを待っている人たちが必ず存在します。

あなたのお客様だけに広告を打つ インスタグラム・フェイスブックの広告方法

この本では広告の細かなノウハウまで書いてしまうと、それがメインの本となってしまうため、ここでは、広告はどれぐらい簡単で、どんな可能性を秘めていて、どこに注意をし、どう進めていけばいいのかについて説明したいと思います。

ちなみに、インスタグラムはフェイスブックの子会社のため、フェイスブック広告と連動させることもできます。フェイスブック広告の特徴は、専門的な知識がそこまで必要ありません。ごく普通の主婦の方でも、今から1時間以内にスタートできるぐらい気軽にできる広告です。

そして広告費はなんと、100円からスタート可能。もちろん、一日1000円以上かけたほうが、効果的にはなってきますのでオススメです。費用対効果がとにかく良く、これだけの機能を少額から使わせてくれるフェイスブックは広告費によって収益を上げています。

何よりすごいのが、ターゲットをとにかく絞った形で広告することができることです。フェイスブック広告のターゲティング精度は91パーセントと言われており、年齢、性別、住んでいるところ、恋愛対象などだけでなく、例えば、旅行好き、カメラ好き、婚約して半年以内、3~5歳の子どもがいるなど、ものすごく細かく絞ることも可能です。絞りすぎると、費用対効果が下がってしまいますが、あなたの理想のお客様だけに、広告を見せることが可能なのです。

例えば、富裕層向けの人にサービスを提供したい場合は、「高級車を所持」と入れれば、高級車を所持している可能性が高い人にだけ広告することができるため、富裕層に絞ることができます。

あなたのアイデア次第で、今から1時間以内に、低予算で理想的なお客様に広告することができるのがフェイスブックやインスタグラムの広告の素晴らしさです。

注意点は、フェイスブックの規約に基づく必要性があります。画像に入れる文字は画像に対して20パーセント以下など、細かな部分があるため、一度、100円で広告を出してみましょう。

そうすれば、審査が始まりますが、審査に通ればそのまま続けてください。もし落ちてしまった場合も、その問題点を改善していけば大丈夫です。

もう1点は、広告業界に正解はないということ。そのため、広告は必ず2パターン以上行いましょう。これは「ABテスト」と呼ぶマーケティング手法で、どんなプロでも行っています。画像やタイトル、文章を変えた2パターンを広告し、反応率が高いほうを残していく。それを繰り返せば、反応率の高い広告が打てるようになっていきます。

100円でできるとは言え、広告はお金がかかります。そのため、世の中のほとんどの人たちは広告をしません。つまり、広告をするだけでその人たちより優位な結果にたどり着きます。広告＝集客をお金で解決し委任するということです。

私にはまだ早いと考えるのではなく、まずは１００円だけでも試してみませんか？

それだけで、あなたの見える景色の幅が一気に広がりを見せるでしょう。

SNSの使い分け

さて、これまで主にフェイスブックを使った集客について見てきましたが、そもそもSNSを使って集客することのメリットは、気軽に「信頼貯金」ができることです。

フェイスブック、ツイッター、LINE、インスタグラムなどを使って認知度を上げ、セルフブランディングができると、あなたやあなたの会社の信頼度が増します。

信頼がどんどん貯まっていくと、その信頼だけでリピート率が上がり、売上も増えます。そういった信頼貯金を、とても手軽に、気軽にできることがSNS活用の大きなメリットです。

パソコンもオフィスも必要なく、スマホ一台あれば、誰でもどこでもブランディングができる時代で、やり方次第では情報をいくらでも拡散でき、全く知らない人から依頼を受けることができ、広告費の節約にもなる。

これが、SNSが爆発的に普及した原因だと思います。

さて、ここではそれぞれのSNSごとの特色と、利用する場合に押さえておきたいポイントを説明したいと思います。

前項まで長らく説明してきたフェイスブックの最大の特色は、本名で登録し、原則として1人1アカウントしか作れないということです。そのため非常に信頼性が高いということがメリットになります。

例えば、ツイッターでは、匿名でもアカウントが作れる上、1人でいくつものアカウントを持つことができるので、情報の信頼性に欠けたり、罵詈雑言《ばりぞうごん》を書き込んでいるアカウントも多かったりしますので、集客という点ではそういったデメリットが気になります。

フェイスブックは、利用者全員が基本的に本名で登録しているため、非常識なクレームも来にくくなります。もし、あなたのサービスに不満があったとしても、匿名性の影に隠れて理不尽なクレームを投げつけてくるといったお客様は少なくなります。

この信頼性の高さがフェイスブックの最大の強みでしょう。

また、利用者の年齢層は30～50代が多いため、あなたの用意している商品やサービスによっては、フェイスブックじゃなければ売れないという場合もあるでしょう。

続いて、インスタグラムの特色とポイントを見ていきます。

インスタグラムは、「インスタ映え」という言葉が流行になったことでよく知られ、利用者は20～30代が多いことが特徴です。

インスタグラムの最大の特色は、見る人に「行ってみたい」「体験したい」「食べてみたい」と思わせるものを、写真や動画でシェアできること。

つまり、文章ではなく、非常に視覚的なアプローチに向いているということですね。

なので、普段から「インスタ映え」を狙って、写真を撮ったり、動画を撮ったりしている人にとっては、そういった投稿でフォロワーをたくさん増やして集客に繋げていくことが、わりと簡単にできると思います。

ただ、あまりに「インスタ映え」を狙った投稿とか苦手だな……という方にも、奥の手があります。実は、私の場合、面倒なのでフェイスブックとインスタグラムは同じ投稿をしております。

おまけにインスタbotという、自動的に自分が決めたハッシュタグの人に「いいね」をつけたり、フォローをしたりしてくれる有料サービスもあります。

また、あまり知られていないのですが、インスタグラムはフェイスブックに似た機能があります。ターゲットを絞ったお客様に、安価に広告を打つことができるのです。例えば、30代の滋賀県在住の主婦で3~5歳の子どもがいる方、というターゲットに一日100円からとかで広告を打つことができます。

特にインスタグラムのストーリー機能を使った、短い動画による広告は、かなりの拡散力がありますので、一発当たると一気にビジネスが飛躍する可能性を秘めています。

次が、ツイッターです。

ツイッターも若者を中心に普及していますが、「リツイート」という機能のおかげで、非常に強い拡散力を持っています。

リツイートをして情報をひたすらシェアしてくれる人が多いというのがメリットですが、その反面、140字という文字数制限があるため「投稿にセンスが必要」になってきます。

ですが、センスのある投稿さえできれば、かなりの拡散力が期待できるので、ツイートのセンスを磨く価値はあるでしょう。

また、フェイスブックなどと同じように、共通の趣味を持った人々が情報収集のためにツイッターを使っているという側面がありますので、あることに特化したいわゆる「オタク」的な情報発信をすることで、一気にフォロワー数を伸ばし、新規顧客獲得に繋がりやすいという特徴があります。

例えば、あなたが扇子好きだとして、世界各国の扇子を収集したという内容をツイートしていくと、あなたのアカウントをフォローし、常にチェックしてくれる扇子好きの人が集まってきます。そこで、あなたがオリジナルの扇子を作りましたと言えば、買ってくれるフォロワーの方はかなりいるでしょう。

続いては、LINEの公式アカウントです。

LINEといえば、日本人の実に80パーセントという圧倒的多数が利用している、超人気チャットアプリです。LINEには、タイムラインという機能があって、そこに文章だとか写真だとかを投稿することができるのですが、集客に利用するならオススメはLINE公式アカウントです。

ＬＩＮＥ公式アカウントを持てば、不特定多数の人にフォローしてもらうことによって、それぞれの人とトーク画面で情報を共有できます。普段チャットで会話するような感じで、さまざまな発信ができるのです。

おまけに自動返信機能、ワード機能といった便利機能がついているので、お客様がトーク欄に「注文」という言葉を入れて発言しただけで、あらかじめ用意しておいた「注文手順」などの情報を自動で返信することができます。

つまり、スタッフいらずの対応ができるというわけです。そのため、多くの企業がこのＬＩＮＥ公式アカウントを利用して、お客様への情報発信と、サイトへの誘導、受注等を行っているのです。

もし、あなたがこれから何かの事業を始めようとしているのなら、事業内容だけでなく、「どんなＳＮＳを使って」「どんなふうに」商品をアピールして、新規顧客を獲得していくのかをイメージしてください。

ＳＮＳの使い方のイメージが湧かなかったら、上手くいっている人のＳＮＳを見て、それを参考にして真似をするのもいいでしょう。また、ＳＮＳにあまり慣れていない、苦手だという人もいるでしょう。そういう方は、まずはアカウントを作ってみて、１

週間楽しむつもりで使ってみてください。そうすれば、はじめは抵抗を感じていたかもしれませんが、だんだんと慣れてきて「楽しめるものなんだ」と気づけると思います。

そういった苦手意識、抵抗心は、ビジネスに対する苦手意識、抵抗心にも繋がるものですので、「まずは悩んでいないでやってみる！」ことが大事です。

起業と同時に、ＳＮＳも使いこなせていると、成長のスピードがものすごく速くなりますので、今からＳＮＳを自分ならどう使うか、具体的にイメージしておいてください。

YouTubeで効果的に視聴者数を増やす方法

前項では、フェイスブックをはじめとするさまざまなＳＮＳの特徴と使い方について説明しましたが、ここでは、現代における重要な宣伝ツールであるYouTubeについてお話ししたいと思います。

YouTubeで効率的に視聴者数を増やすためには、どうしたらいいでしょうか。まず、ぜひとも守っていただきたいのが、「タイトルのつけ方」です。

実際の私の動画の例になりますが、「超簡単一眼レフ講座　カメラ・レンズ等すべて含めて3万円でプロ写真を撮る方法!?」というタイトルの動画があります。

このタイトルがとても大事です。どんな動画であるかが一読して理解でき、なおかつ人の関心を惹くキャッチーさがなければいけません。タイトルのつけ方を間違えてしまうと、動画の内容がどんなに良くても、それだけで視聴者に見つけてもらえなくなりますし、仮に見つけてもらえたとしても「見てみよう」という気にならない場合もあります。

ですので、まずはタイトルのつけ方に注意することです。

次に、いろいろな人の動画を見ている人はすでに見たことがあるかもしれませんが、YouTubeでは自分の動画の中に、SNSなどへのリンクを表示させることができます。例えば、私の場合は、LINE公式アカウントへの登録ができるリンクを画面に常時表示させています。

それだけでなく、概要欄という箇所がありますが、そこにも自分のSNSの情報についてはきちんと書いておきましょう。こうすることで、ただ動画を見て面白かったというだけでなく、次のアクションを視聴者が起こしやすくしてあげることができます。

それから、概要欄には動画に登場する情報などを書くことをオススメします。なぜなら、そこに書かれてある言葉は検索に引っかかるからです。

また、私の場合は、一眼レフ用語をアから順番に検索して、概要欄に盛り込むことで、さらに検索に引っかかりやすくしています。このように関連のある言葉をたくさん盛り込んでおくと、見つけてもらいやすくなります。

これはインスタグラムやツイッターなどのハッシュタグに似た機能ですので、ぜひ活用してください。

そして、重要なのが「サムネイル画像」です。

この画像をきちんとインパクトのあるものにすること。見やすく、インパクトがあり、人の関心を惹くようなテロップが入っているものがいいでしょう。

これらのポイントを押さえて動画を作ると、そうしなかった場合に比べて、視聴者数は全く変わってくると思います。たとえ数千人の視聴者であっても、それを見た人の中にはあなたのＳＮＳにアクセスしてくれる人が必ずいます。

動画を作るなら、できるだけ上記のポイントを押さえたものにしてください。

ハイプライス商品の作り方

お金の悩みをなくすためには、

- **ビジネスマインドの質を高めること**
- **ハイプライス商品を持つこと**

の両方を手に入れることと言われております。

ビジネスマインドとは、成功マインドとは別で、交渉術や、この章でお伝えしているようなマーケティング、経営者としての在り方の話です。

そして、ハイプライス商品とは、販売価格が20万円以上するような商品を持っているかどうかです。町の駄菓子屋さんと、高級車店だとどちらのほうがより大きな利益を生み出せるか、町の駄菓子屋さんも大好きなので切なさもありますが、より大きな利益を生み出すのは、ハイプライス商品を扱っている高級車となります。当たり前ですがハイプライス商品を作ってはいけないという規制などは存在しないのですが、なぜ、ほとんどの副業の人たちがハイプライス商品を作っていないかというと、「ハイプライス商品を作ってみよう」と考えたことがなかっただけかと思います。

しかし、ハイプライス商品を以下の手順を踏めば簡単に作ることができます。

①世の中で20万円以上の費用がかかる商品をとにかく紙に書き出しましょう。

②あなたの商品と、その書き出した紙に書いてある商品を掛け合わせて商品を作りましょう。

すでに地球上にはさまざまな商品が出し尽くされていますが、商品と商品を掛け合わせれば、新商品を生み出すことができます。あなたの商品×ハイプライスのイメージがあるもの＝あなただけのハイプライス商品のできあがりです。

もう1つの手法は、松竹梅方式です。

これは日本人に多い消費者心理なのですが、とにかく真ん中のものを注文したくなる心理です。実は、これはお客様により高い金額を見せることによって、あなたの中で価格破壊が起き、それだったら「真ん中がお得！」と感じられる心理を利用しているのです。

(例)

プレミアム牛丼　1780円

国産和牛牛丼　980円

牛丼ライト　780円

このような設定だと、真ん中の国産和牛牛丼を頼みたくなり、顧客平均単価が980円以上になりやすくなります。そして、ここでのポイントは、プレミアム牛丼は注文がくればラッキーぐらいで作っていてもいいということです（もちろん、戦略としてプレミアムをメインにしても問題ではないのです）。

例えば、英語のレッスンの先生という副業をあなたが行なっていた場合、

▼3か月レッスン
対面マンツーマンレッスン　20万円
オンライン対面レッスン　10万円
オンライングループレッスン　8万円

というプランにすれば、対面マンツーマンで来ても、あなたの使う時間は同じなため、来てくれたらラッキーです。そして、価格帯も普段3か月20万円で行なっている先生が、オンラインだと半額で対面のレッスンを受けられるというブランディングにもなります。

このようにハイプライス商品を1つでも作っておけば、メインメニューの価値も上がり、ハイプライスが売れたらラッキーという内容にしておくことで、あなたの付加価値も上がっていくのです。

より大きな問題解決へと繋がる、あなただからこそできる最高級なハイプライス商

品とは何でしょうか？

ぜひ考えてみてください。

大きな人と大きな仕事をする

小さなビジネスをすると、小さなお金が集まります。

大きなビジネスをすると、大きなお金が集まります。

そして、大きなビジネスのほうが、作業が少なかったりします。そして、大きな力を持っている人と、お仕事をともにすると、足し算ではなく、掛け算が始まります。

100レベルのあなたの影響力と、100レベルの仲間の影響力で副業をすると、200レベルの結果にたどり着きますが、1万レベルの影響力ある人と掛け算をすれば、100万レベルの結果をもたらしてくれるのです。

しかし、より大物にオファーできればいいのですが、普通に依頼をしても、受けてくれるわけがありません。

大物にオファーするときのポイントは、

①相手のＷＩＮをとにかく考えること
②相手のミッションとビジョンを理解し、そこに基づくプレゼンをすること
③在り方としては対等であること

①はそのままの意味ですから、理解できると思います。②は、大きな存在の人たちは必ず人生の目的を持っています（人生の目的＝使命＝ミッション）。それに基づく、相手のためのプレゼンを行うのです。また、③のように、態度で対等とするのではなく、在り方として対等であれば、こちらも意見を言える立場となります。あなたは目的を持って大物にオファーをしたわけですから、相手のあまりの大物ぶりに動揺して、その目的を見失ってはいけません。敬意を持ちながら、あなたが握っているコントローラーだけは奪われないようにし、お互いの力でよりたくさんの人たちのありがとうを集めましょう。

例えばあなたがダンススクールを副業で行っていたとして、有名なダンサーを広告塔、もしくは特別講師として招くことによって、受講生は、その有名なダンサーのネームバリューで一気に増えるという結果となっていきます。それは目先の売上だけでなく、今後のブランディングにも繋がります。

恐らく、ほとんどの方が「今の私には大物の存在は必要ない」と考えるでしょう。しかし、本当にそうでしょうか。もう一度、最初に挙げた言葉を聞いてください。

小さなビジネスをすると、小さなお金が集まります。

大きなビジネスをすると、大きなお金が集まります。

より大きな「ありがとう」を集めるために、少しばかり「あなたにとって必要な大物は誰か」を考えてみませんか？

知れば知るほど面白い、勝手に買ってくれる恐ろしい9つのマーケティング心理

さて、この章では、あり得ないことをすればあり得ないほどお客様が来るようになると題して、さまざまなマーケティングの仕方を紹介してきましたが、最後に知れば知

るほど面白いくらいにお客様が商品を買ってくれるようになる、恐ろしい9つのマーケティング心理についてまとめていきたいと思います。このお客様の心理を押さえたうえでビジネスを展開していけば、あなたの売上は間違いなく上がります。

実は、9つのマーケティング心理と書きましたが、すでにいくつかはこの章で紹介しています。それらも含めて、1つ1つ見ていきましょう。

1つ目のマーケティング心理は、「ターゲットタイトル」。

お客様が「それは私のことだ!」と思わず叫びたくなるようなタイトルを商品や広告につけること。例えば、兄弟のお子さんを持つママに訴えたい場合は、「兄弟のお子さんを持つママへ」というタイトルをつければ、その境遇にある人は思わず見たくなります。

ターゲットを絞ったら、その人たちが一目見て「それは私のことだ!」と飛びついてくれるようなタイトルを作りましょう。

2つ目のマーケティング心理は、「問題解決ヒーロー」。

何度も口を酸っぱくして言っていますが、ビジネスの基本は、あくまでもお客様の問題解決であって、あなたの得意なことやあなたのしたいことをすれば上手くいくわけではありません。

お客様の望む結果を書き出してください。そして、それを実現できる商品やサービスとは何かを考えましょう。そうすれば、あなたは問題解決のヒーローとしてお客様から必要とされるでしょう。

3つ目のマーケティング心理は、「勝手に売れる商品名」。

商品名だけで勝手に売れていく、そんな商品名を作りたくありませんか？　実はそういった商品名を作るのはそれほど難しくありません。先ほど挙げた1つ目と2つ目のマーケティング心理を合わせて作ればいいのです。つまり、「ターゲットがその商品名を見たときに『自分のことだ！』とすぐにわかり」、「お客様が望む結果を提示できている」、そんな商品名を考えればいいだけです。

4つ目のマーケティング心理は、「変身」。

これはすでに説明しました。お客様は、商品やサービスを買うとき、その内容や仕様を見て買っているのではなく、自分がそれによってどう変化するのかをイメージして買っているというお話でした。

5つ目のマーケティング心理は、「リスク回避」。

これもすでに説明していますね。お客様は、バカを見たくないので、購入者の「買わなきゃ良かった！」というリスクを軽減したり、回避したりするための特典や保証などを用意しましょうというお話でした。

6つ目のマーケティング心理は、「ミステリアス」。

人は、すべてが見えていたり、すべてがわかっていたりするものには、あまり惹かれません。全部が見えてしまうと、逆に欲しくなくなってしまうという心理があるのです。ですから、あえて見せない部分を用意して、お客様にワクワクしていただく余地を残したほうがいいということです。

例えば、芸能人ではガクトさんなんか、ミステリアスな雰囲気があって、「もっとこの人のことが知りたい！」と思ったりしますし、ディズニーランドもお客様からは見えない部分を用意して、想像力をかき立てたりしています。

7つ目のマーケティング心理は、「ストーリー」。

これもうお話ししました。結局のところ、現代はモノを売る時代ではなく、物語を売る時代だというお話。本当に、今までの人生であった出来事で、これは強いなというエピソードがあれば、それを全面に押し出していきましょう。

8つ目のマーケティング心理は、「あなただけの商品」。

これはターゲットタイトルにも近い内容なのですが、この商品は「あなただけの商品」「あなたに一番必要な商品」なのですよということを訴えるようにするということです。不特定多数の誰でもいいわけではない、まさにあなたにとって意味のある商品なのですよということをアピールできるような売り方を考えると、お客様の心の深いところに響いてくれます。

9つ目のマーケティング心理は、「お客様の声」。

広告を作るときには、絶対にお客様からの声を入れてください。楽天の売れ筋ランキングの上位の商品を見ればわかると思いますが、ほとんどすべてにお客様の声が入っています。データを示すことで、信頼性が増してお客様の背中を力強く押してくれるようになります。

さて、というわけで勝手にお客様が買ってくれるようになる、恐ろしい9つのマーケティング心理、いかがでしたか。すべて自分の今の立場に置き換えて、ぜひ使ってみてください。

9つのマーケティング心理

1. ターゲットタイトル

2. 問題解決ヒーロー

3. 勝手に売れる商品名

4. 変身

5. リスク回避

6. ミステリアス

7. ストーリー

8. あなただけの商品

9. お客様の声

第5章

実際に年間1億円売り上げた話

ビジネス初心者が中国貿易で年間1億円

私は元々プロミュージシャンであり、今でも私の曲がカラオケに入っているのですが、音楽で食べていくのは本当にギリギリだったため、数々の副業をしてきました。

その一例を挙げますと、

▼ネットショップ
▼ヤフオク
▼ドロップシッピング
▼LINEスタンプ
▼デザイン
▼WEB制作
▼コピーライター

▼PV制作
▼地方テレビ番組制作
▼ネット番組制作
▼司会業
▼ラジオパーソナリティ
▼テレビ司会者
▼ナレーター
▼アフィリエイト
▼商品メーカー
▼問屋業
▼転売
▼せどり

これだけの副業をしてきた理由は、当時の私はビジネスの何たるかも集客の仕方もマインドも何もわかっておらず、何をやっても結果が出なかったため、やめては次の副業を探すことの繰り返しだったからです。

そんな中で、最初に成功したのが「貿易ビジネス」でした。

僕は中国語も英語も全くわからないのですが、アリババというサイトで、日本語対応ができる中国の工場担当者と直接やり取りができることを知ったのです。支払いもクレジットカード払いができたため、アリババで安く商品を仕入れて日本で販売することができたのです。

「貿易とは何か」を勉強し、どういうところを対策すればいいのか、手探りながらも独学で勉強した結果、いろいろなメーカーさんからも発注をいただけるようになり、あっという間に、副業ではなく本業とすることができました。さらに、利益が出すぎてしまったために、税金を安く抑える目的から、株式会社を作らざるを得なかったのです。

その会社では、初年度に7000万円の売上を上げることができました。その後も売上はうなぎ登りに上がっていき、大手出版社の付録の中身まで作る頃には、億という単位でビジネスが見えるようになりました。

1回の発注で3万個。すぐに追加発注をいただき、この1商品だけで1年間暮らしていけるようなヒット商品に携わることができました。

ですが、ある日、自宅のポストに東京簡易裁判所より請求書の通達が届きました。それは、この大手出版社の付録の不良品に対する請求でした。

ある成分を含めたダイエット商品だったのですが、中国工場側が、サンプル時にはその成分を含んで作っていたのにもかかわらず、本の発注時には、その成分を入れずに製造していたことが発覚したのです。

裁判所を通じて届いた請求額は、都会にマイホームが建つほどの金額でした。もちろん支払うことができるわけもありません。とはいえ、貿易で仲介をし、契約書を交わした私の責任でもあります（もちろん中国側に請求したいのですが、国際裁判は、私にクリアできるほど簡単なものではありませんでした）。

契約先の大手出版社も一切悪くありません。僕が逆の立場でもそうするしかなかったと思います。

ただ、私にはもちろん騙そうという気持ちは1ミリもなく、サンプル時には問題のない商品だったため、本当に内容物を信じて輸入をしてしまっていました。

人生で初めての裁判を経験した結果、幸いにもこの商品を中国で製造した原価分の支払いだけで済むことになりました。その金額なら支払うことができたため、それですべてを終結させることができました。

この項目でお伝えしたいことは、ビジネスには常にリスクが伴うということです。上手くいっているときほど、そのリスクが見えづらくなっていきます。

そのため、本書では「副業」を勧めているだけでなく、副業の種類を増やし、キャッシュポイントをいくつか持つことを推奨しています。

大きなリスクを抱えながら本業一本でやっていく場合とリスク分散のために副業をいくつも抱える場合、どちらのほうが生涯にわたる安心が得られるでしょうか？

カメラ素人が写真撮影サービスで年1億円

そのようないきさつから、私は貿易会社はリスクが高いと痛感しました。その頃に第一子が生まれ、その子を撮るために中古の一眼レフカメラを3万円で購入することにしました。

「カメラっていいなぁ。子どもって可愛いなぁ。」

写真の撮り方については何にも知らなかったため、毎日のようにオートでひたすら我が子の写真を撮っていたのですが、あるとき、「ん？　ちょっと待てよ？」と思いました。

元々保父さんになりたかったぐらいに子どもは大好きだし、カメラは毎日触っていられるほど最高に楽しい。

貿易会社のときは不良品が出たりして「ありがとうの数」を集めている感覚がなかったけど、幸せな瞬間を形にするカメラマンという職業で「ありがとうの数」を集めたら、「毎日ハッピーじゃないかな？」と思ったのです。

できる、できないじゃない。人生は、やるか、やらないか。

「だったら、やってやるよ！」と、中古の3万円のカメラ1台で撮り方もオートフォーカスしかわからないまま、地元に写真館をオープンしたのです。

元々、コピーライティング、マーケティングを得意としていたことに加え、日本トップのカメラマンに会いに行き、素直に撮り方を聞いて学んだりした結果、すぐに月に

２００万円売り上げるカメラマンとなりました。

しかし、その頃になると、幸せな悩みが出てきました。

撮影が毎日入りすぎて、身体も心もボロボロになり、限界まで撮影を繰り返した結果、私1人でカメラマンとしてやっていく場合、最高売上が月２００万円が限界なのだということに気づくことになりました。

マーケティングは成功していたので、依頼は殺到しています。技術も上がってきて、お客様からの口コミでの依頼も多い。

ただ、これ以上売り上げるのには私1人では限界がある。そこで従業員を雇ったり、プロカメラマンの方々に業務委託契約書を用意して、日本中どこでも撮影に行ってもらえる仕組みを作りました（私が行けない案件は、全国のプロカメラマンに仕事を振るという流れです）。


そのときが、「ビジネスは1人でしたほうが楽だ」という勘違いを、手放した瞬間でした。そこから、フィットネスクラブ、飲食店、輸入販売と、さまざまなビジネスを始め、多いときは従業員30名以上を抱えたこともありました。いつしか、名前すら知らないアルバイトさんが働いているような会社となっていきました。

写真館も軌道に乗り、やがて元々はカメラ歴ゼロ日の人でさえも写真館の店長を務められるようになっただけでなく、ランキングにも載るようなカメラマンとなりました。そのため、「今まで築き上げてきたノウハウは、誰にだって生かせられる！」と確信するようになりました。

そして、カメラマン養成所を始め、わずか3年間で約800名もの受講生に恵まれ、このスクールビジネスだけでも年間億のお金を動かせるようになったことで、最終的には「カメラも1つの手段でしかない」と考えるようになり、経営・マーケティングをもう一度しっかり学んで、経営コンサルタントとしても活動するようになり、現在、こうして副業の本を書いている次第です。

自己投資貧乏になるな

ビジネスを加速させていくためには、自分への投資である「自己投資」が欠かせません。しかし、あなたのスキルがどんなに高くても、あなたの資格がどんなに取得が難しいものであっても、それだけでは売上は上がりません。

そもそもスキル・資格と、ビジネスは別物です。これは、資格を発行している団体が悪いという話ではなく、そもそも彼らは資格を発行するのが仕事であって、その資格を使ってビジネスを成功させられるかどうかは、100パーセントあなたの腕にかかっているのです。

私自身の話で言うと、写真館をオープンしたときの私のカメラのスキルはほぼゼロでしたし、フィットネスクラブを作ったときもフィットネス経験はゼロでした。それでもすぐに黒字にできたのはなぜだと思いますか？

それは、私が目の前のお客様を満足させることに集中していたからです。お客様の問題解決にフォーカスしたわけです。

ビジネスにおいて一番大事なのはこの部分なんですが、世の中には自己投資をして、スキルや資格を手に入れればそれだけでビジネスが上手くいくと勘違いしている人がいっぱいいます。スキルが高く、資格もあるのに貧乏、という自己投資貧乏ですね。

そういう人にはこれから挙げる5つの特徴があります。自分が当てはまっているなと思ったら、そこを改善していきましょう。

1つ目の特徴は、「依存性が高い」。

例えば、カメラに対する依存性が高いと、「カメラがないと私は生きられない」というレベルになってしまいます。そうすると、もしカメラで食えなくなったとき、何らかの理由で写真を撮れなくなったとき、その人は鬱状態になってしまいます。「自分にはこれしかない」と思い込むことは、実はリスキーなことなんです。自分が取り組んでいることは、飽くまでも自分が人生で幸せになるための1つの「手段」にすぎないのだと考えることが大切です。

2つ目の特徴は、「リターンがイメージできていない」。

これだけ自己投資をしたのだから、次の投資をしても、もっと良くなるはず……と考えている人は多いのですが、「良くなるって何ですか?」という話です。

その投資をしたら、どういうリターンがあるのかをきちんとイメージできていますか?

100万円である学校に入ってあるスキルを身につけました。そのスキルを使って、100万円以上のお金をどうやって稼ぐのか、ちゃんとイメージできているでしょうか？

そのイメージができて、なおかつ具体的な計画がなければ、それは投資ではなく単なる浪費に終わります。

3つ目の特徴は、「自分に甘い」。

スキルや資格はそもそも何のために身につけるのでしょうか？

あなた以外の他人が抱えている問題をあなたが解決して、その人たちを幸せにするためです。

にもかかわらず、世の中には、自分に自信が持てなくて、それを補おうとしてスキルや資格を身につけようとしている人がいます。

それでは、本末転倒です。自分のために身につけたスキルや資格を、他人のために役立てるイメージができていますか？

スキルや資格を身につけようとしているあなたは、単に自分に甘いだけじゃないですか、ということです。

他人のために、他人の幸福のためにスキルや資格を身につけるのだという意識を持ってください。そうすれば、自ずと自己投資貧乏にはならなくなっていきます。


4つ目の特徴は、「不安をお金で解決しようとする」。


自分の将来、自分の可能性に対する不安から、スキルや資格を身につけようとしている人も大勢います。とにかく将来が不安だから「とりあえず」この資格を取っておこう、というわけです。

そして、これだけのお金を払ってこれだけ勉強しているのだから自分は大丈夫と思い込もうとしているんですね。

でも、こういう人はたいてい上手くいきません。他人の問題にフォーカスしていないからです。

こういう人たちは、飽くまでも自分の不安をお金でまぎらわせることにしかフォーカスしていませんから、いざビジネスをやろうとすると、自分勝手なビジネスをしがちなのです。

5つ目の特徴は、「身につく前にやめる」。

どんなことであれ、1万時間もやればその道のプロになれるといわれています。ゴルフ、スキー、卓球、サッカーなどのスポーツの世界でも、どんな世界でもです。しかし、1万時間やる前にやめてしまっている人が世の中にはかなり多くいます。そこに至る前にやめてしまったら、その自己投資はやはり無駄になってしまいます。ですから、身につく前にやめることをやめてください。

さて、最後に自己投資貧乏にならないための4つの対策をお伝えしましょう。

まず、1つ目は、「充実感に惑わされないこと」。

スキルや資格を学んでいるときの充実感、満足度に浸りきってしまうと、何のためにこれを身につけているのかという目的がだんだんぼやけてしまいます。ですから、何のためにしているのかという目的を明確に持ち続けることが大切です。

2つ目は、「最終期限を決める」。

先ほどの1万時間の話のように、「ここまでは絶対にやる」という期間や期限を決めてしまうのも1つの手です。別に1万時間もやる必要はありませんが、3ヶ月間みっ

自己投資貧乏になる人の5つの特徴

①依存性が高い

②リターンがイメージできていない

③自分に甘い

④不安をお金で解決しようとする

⑤身につく前にやめる

自己投資貧乏にならないための4つの対策

①充実感に惑わされないこと

②最終期限を決める

③上限金額を決める

④お客様を満足させることを優先する

ちり勉強してそれでも結果が出なければやめる、とかでもいいのです。そういうふうに期間を決めれば、自己投資貧乏にはなりにくくなります。

3つ目は、「上限金額を決める」。

その投資とリターンとの関係を常に意識して、想定されるリターンに対する投資額が大きすぎればあなたは損をするわけですから、ある分野への自己投資の額の上限を決めてしまえば、自己投資貧乏にはなりにくくなります。このスキルの勉強にはいくらまでしか使わない、なぜならリターンがこのくらいになりそうだから、というふうに考えてみましょう。

4つ目は、「お客様を満足させることを優先する」。

とにかく何度も口を酸っぱくして言っていますが、ビジネスの基本はお客様の問題解決ですから、お客様をどう満足させるのか、それを常に最優先で考えるようにすれば、無駄な自己投資はしなくなっていきます。

教え子たちの今

ここで私の教え子の声を紹介したいと思います。彼の面白いところは、警察学校を卒業後、警察官一筋の日々を37年間過ごしていましたが、私と出会って警察をすぐ退職し、好きなことで生きるようになったということです。

彼は、大学は経済学部を出ましたが、卒業と同時に愛知県警に入り、それ以降の37年間は「世のため、人のため」に尽くしてきたそうです。

しかし、その傍ら、趣味として写真を撮り、スキューバダイビングを始め、フォトインストラクターという資格も習得し、公私ともに充実した日々を送りながら、警察官としての職務に励んでいました。

そんなある日、彼は書店で一冊の本に目が釘付けになったといいます。

それは『副業するならカメラマン』という本でした。

「カメラマンとして写真を撮って生活できたらいいなぁ」と考えた彼は、購入して一気に読みふけりました。そこに書かれてある内容は、まさに目から鱗だったとのことです。とはいえ、実現なんて不可能と思っていたそうですが、その本に挟んであった私のセミナーの紹介が目にとまり、セミナーだけでも一度受けてみようと軽い気持ちで応募したとのことです。

セミナー当日、彼を含めて7名しかおらず、こぢんまりとしたセミナーだなと思ったようですが、セミナーが始まった途端、私がいわゆる「オグショウワールド」ともいうべき怒濤のトークを展開したものですから、彼曰く「初めてジェットコースターに乗ったときのような感覚」だったそうです。そしてその内容が脳裏にこびりついて離れなかったと。

私のビジネスの考え方がまさに彼の頭の中を駆け抜けていくような感じだったようで、彼は必死にそれを追いかけ、理解しようとフルスロットルで思考していかなければならなかったとのことです。そして、セミナーが終わったとき、私も疲れましたが、彼もぐったりしてしまったそうです。ただし、この疲れは、妙に心地良い疲れ、なぜだかわからないが、どこか清々しさと満足感を感じる疲れだったということです。

その後、私が学校長を務めるカメラマンの学校の申し込み案内を送りましたが、彼は自分自身が納得できるまでは即答は避け、いったん冷静になってじっくり検討することにしたそうです。ただ、考えれば考えるほど、セミナーのときに覚えた感動が甦って、体が震え、「考える余地などない」という結論に達したとのことです。

そして、すぐに辞表を書き、次の勤務日の朝イチで署長室に向かってそれを提出したといいます。当然、署長からは「何があったのか」と聞かれ、「自分のやりたかったことを教えてくれた人に教わりたいから」と答えて、愛知県警を退職。その後は、カメラマンの学校を経て、退職の約1年後に法人として創業、彼は今でも私からビジネスを学んでいます。

彼は、私からビジネスのイロハ、考え方、マナー、アイデアなどを吸収し、人脈作りのきっかけとして、幅広いコネクションを築いています。彼は、私のことを「この年齢になっても、未熟な自分を成長させてくれる師であり、仲間であり、最高の友人。友人なんて呼ぶのはおこがましいけれども、そんな関係になりたいです」、そして、「いつかは小椋さんに『そのビジネス最高だね』と言ってもらいたい」と語っています。

1億円手に入れられる人と、手に入れられない人の違い

世の中には、死ぬまでの間に1億円手に入れられる人と、そうでない人がいます。あなたは、1億円手に入れられる人になりたいでしょうか？　もし、手に入れられる人になりたいなら、手に入れられる人と、手に入れられない人との間にある「違い」を知らなければいけません。

1億円を手に入れられる人は、なぜ1億円を手に入れられるのでしょうか。もちろん、それは1億円手に入れたいという理由があって、何らかの行動を起こしたからです。1億円が欲しい理由がないのに、1億円を手に入れるという人はめったにいません。

1億円手に入れられる人の理由は、大きく分けて2つあります。

1つ目の理由は、「絶対的理由」です。これは、日本ではまず起こり得ないことですが、例えば、あなたの最も大切な人がテロリストに拘束されて、1年後に1億円の身

代金を用意できなければ、その大切な人を殺害すると脅迫された場合が、この絶対的理由に当たります。

つまり、絶対に、何が何でも1億円を手に入れなければいけない理由であり、ここまで切迫した事態になれば、どんな人であれ何が何でも1億円を手に入れなければいけないという精神状態になりますし、そこまで必死ならちゃんと手に入れられる人が多くなります。

この絶対的理由は、他にもバリエーションがあって、有名なのはお笑い芸人さんたちのサクセス・ストーリーです。有名な吉本の芸人さんが、下積み時代にたくさん借金を作ってしまって、どうしても売れなきゃいけない！　と一念発起して、大ブレイクを果たすという話をよく耳にしませんか？　これもまた絶対的理由なわけです。1億円稼げなければ、借金で首が回ってしまって、にっちもさっちもいかなくなるわけですから、是が非でも、何としても稼ぐ！　というモチベーションが心に燃え上がるわけです。

ですから、こういった絶対的理由がある人は、1億円を稼ぐ人になりやすいということが言えます。

2つ目の理由は、「可能性思考」です。

これはどういうことかというと、あなたが1億円を手に入れる可能性がある行動をしているかどうか、ということです。もう少し詳しく説明しましょう。

例えば、あなたが1個1万円の商品を持っていて、それを毎月平均で50個売ることができているとします。この場合、あなたは月に50万円しか売上を上げませんから、その中であなたの手元に残るお金の額のことを考えれば、1億円というお金をあなたが手に入れることは、まず不可能だということがわかりますよね。

こういう状態では、あなたは「1億円を手に入れる可能性がない」わけですから、あなたのマインドも、「1億円を手に入れる人のマインド」にはなりようがありません。

しかし、もし、あなたが1個100万円の商品を持っていて、毎月10個平均して売ることができる計画を立てていれば、もちろん原価率によって左右される問題ではありますが、1年以内に年商が1億円にたどり着く可能性が高くなりますし、ゆくゆくはあなたの資産だって1億円に到達する可能性が高くなります。

この場合、あなたは「1億円を手に入れるマインド」をしっかりと持つことができます。つまり、これが可能性思考です。

1億円を手に入れたいなら、1億円を手に入れられる可能性が1パーセントでもあるのかどうかを自問自答してください。1パーセントもないなら、その可能性を生み出さなければいけません。これは、金額が大きくなっても同じことです。10億円手に入れたい人はその可能性が、100億円手に入れたい人はその可能性が1パーセントでもある行動を起こしているかどうかが重要なのです。

もちろん、人間は1億円なんてなくてもある程度幸せは手に入ります。そこそこの家、そこそこの車に乗っていても、人間は幸せになれます。お金イコール幸せではありませんから。ただ、お金があれば、お金の悩みを消すことはできますし、何よりも自由が手に入ります。つまり、1億円ある人とない人では、人生の選択肢の幅が変わるということです。

例えば、あなたが英語を学びたいなと思ったとき、お給料が50万円だとしたら、英語の本を買うとか、塾に行こうかなと考えるでしょう。でも、1億円持っている人なら、海外に留学しよう、いや、いっそのこと海外で仕事もしようとか、一流の家庭教師を雇おうとか、選択肢がかなり広くなるわけです。

お金をたくさん持つことは悪いことだと感じている人が世の中には大勢いるんですが、決してそうではありません。多くのお金を持てば、選択肢が広がりますし、自分以外の人のためにもお金を使うことができるのです。例えば、あなたのビジネスが上手くいって、売上が大きくなっていけば、あなたはあなた以外の人の雇用を生むことができますし、取引先の人々だってあなたのビジネスのおかげで生活ができるようになるかもしれないのです。お金を大きく稼ぐということは、決して悪いことではなく、基本的には「あなたが多くのありがとうを集めた結果」なわけですから、何も後ろ暗い思いをすることはありません。

むしろ、あなたがもし1億円を手に入れることができたなら、それはあなたがより多くのありがとうを集めるために、発想を転換したということを意味しているのです。そんな自分を褒めてあげられる未来にしませんか?

さて、それでは、あなたがもし1億円を手に入れられる人間になりたいなら、あなたが今、1億円を手に入れられる可能性があるかどうか、または絶対的理由があるかどうか、よく考えてみてください。もし、ないなら、どうすればいいのかも考えてみましょう。

最短で最高の結果を出す
副業バイブル

読者の方に無料
特別プレゼント

ビジネスに迷わなくなる
ミッション・ビジョン・バリューの
作り方

（動画ファイル）

著者・小椋 翔さんより

副業はもとより、新たなビジネスを立ち上げたいと思い立ったとき、迷いが生じることがあるものです。そんな迷いを解消するための方法を解説した動画ファイルを無料プレゼントとしてご用意しました。ぜひダウンロードして、本書とともにあなたの人生やビジネスにご活用ください。

特別プレゼントはこちらから無料ダウンロードできます↓

http://frstp.jp/oguraf

※特別プレゼントはWeb上で公開するものであり、小冊子・DVDなどをお送りするものではありません。

※上記無料プレゼントのご提供は予告なく終了となる場合がございます。あらかじめご了承ください。

ちなみに、私が1億を目指した絶対的理由は、「何が何でもお金で悩む人生にしたくなかった」からです。そして、1億以上稼いでいる人たちの共通点を探し、その人たちに無償で写真を撮影をする代わりに、どのように1億まで辿り着いたのかというルートを聞かせて頂きました。それを素直に実践することによって、あっという間に1億というお金が手に入りました。

集中力の力

ビジネスを立ち上げるとき、発展させるとき、「集中力」の差が、結果にものすごく大きな違いを生むということは、ほとんどの方はわかっていらっしゃると思います。

しかし、集中力のなさで悩んでいる人というのは、意外に多いものです。

ここでは、集中力の偉大な力と、集中力をつけるための方法について説明したいと思います。

集中力があるのとないのでは、どれくらい結果に違いが生まれるかというと、電球とレーザービームくらい違います。と、言われてもすぐにはピンと来ないかもしれません。実は、電球とレーザービームは、ワット数でいうと電球のほうがレーザーよりも1200倍も強いのです。

にもかかわらず、電球は一日中ずっと見ていられますが、レーザーを見ようとすると目が潰れてしまいます。これはどうしてでしょうか？

なぜなら、電球は光が「分散」しており、レーザーは「集中」しているからです。ですから、あなたの仕事も電球のように力を分散させれば、多くの人を輝かせることができると思うかもしれませんが、そうではありません。力が分散するということは、それだけ目的達成の力も弱くなるということです。

レーザーのように力を一点集中するからこそ、壁を打破できるし、大きな結果を出せるのです。

集中力のすごさというのは、このレーザーのすごさと同じなのです。

何が何でも豊かになるのだと決めたなら、一点集中で強い光を放ってください。そうすれば、その力はちょっとやそっとのことでは低減せず、エネルギーのすべてが目標達成に向かっていきます。

これが、集中力の偉大な力です。

そもそも集中力を妨げる原因とは何でしょうか？

一番大きな原因は「消極性」だと思います。自分には無理だとか、自分は人見知りだからとか、自分は苦手なんだよね、とか……。そういった消極性が無意識にあるためにメンタルブロックとなって、集中を妨げてしまうわけです。

メンタルブロックの強力さについては、エレファント症候群の話が有名です。インドでは、捕まえてきた象を頑丈な杭に繋いでおくのですが、象が何とかしてその杭を引き倒して逃げ出そうとしてもびくともしないくらいの杭にしておくそうです。悪戦苦闘した結果どうやっても抜け出せないと悟った象には、「杭があると抜け出せない」というメンタルブロックが形成されて、それ以降は地面に小さな杭を打ってつないでおくだけで、もう逃げ出そうとしなくなるそうです。なぜなら、「自分は杭があると逃げ出せないんだ」というメンタルブロックができてしまうからです。

こうしたメンタルブロックは、万人の中にさまざまな形で存在しているのです。「絶対にこの仕事は辞められない」「絶対にビジネスでは成功できない」「絶対この目標は達成できない」などなど。そして、こういうメンタルブロックを言い訳にしている大人もたくさんいるのです。

ですから、ビジネスで成功するためには、こうしたメンタルブロックに打ち勝つ必要があります。その1つの方法が、「再決断」です。頭に自然と湧いてくるネガティブ思考を繰り返し否定して、ポジティブな思考を何度も何度も繰り返すのです。そうすると、同じ情報を脳に与え続けることで、条件反射が形成されていき、「自分にはできる」という積極思考に変わっていくのです。

YouTubeを見ると、子どもたちが「自分にはできる」という言葉を繰り返していると、今までできなかったことができるようになるという動画がいっぱいあります。あなたも「やればできる」という言葉の持つ素晴らしさに気づいてください。この言葉には、とんでもないパワーが眠っていて、口にするたびにあなたに勇気とやる気を与えてくれます。

そもそも恐怖心はどこにあるのか？

不安の話に続いて、恐怖心の話をしたいと思います。

ビジネスだけでなく、ある分野で成功した人というのは、実は恐怖心をできる限り抱かないようにしています。自信を持って、不安を抱かずに前に進んでいるのですね。

逆に、人生が上手くいっていない人というのは、そのほとんどが恐怖心を抱きながら、生きています。

「食べられなくなったらどうしよう」「失敗したらどうしよう」「人から笑われたらどうしよう」など、恐怖心に囚われていると、前に進めなくなってしまいます。

それでは、その恐怖心をどうやったら克服できるのでしょうか？

まずは、恐怖心はどこにあるのかというところから話を始めます。恐怖心は、私たちの心の中、あるいは頭の中にしかありません。自分の外に恐怖の源があるのではなく、自分の心が生み出しているのが恐怖心なのです。

私たちは皆、赤ちゃんのときには何もインストールされていないパソコンのように、恐怖心はインプットされていませんでした。しかし、さまざまな経験をすることで、これは怖い、あれも怖いと恐怖をインプットされていきます。

恐怖心を覚えていると前に進めなくなるのはなぜかというと、これを私は「お化け屋敷の原理」と名付けているのですが、お化け屋敷にたとえるとすんなり理解できます。

恐怖心を抱いている人は、お化け屋敷をそのまま最後までクリアしようとしている人と同じなんです。どういうことかというと、お化け屋敷には本当のお化けなどいませんが、照明を暗くしているので、そこにさもなにか恐ろしいものがいるかのように「錯覚」して、恐怖を覚えるわけです。

でも、仮にお化け屋敷の照明を全部つけてみたらどうなるでしょうか？　そこでは、ひもで吊されたこんにゃくだったり、ただの大学生のアルバイトのお化け役だったりが、はっきりと目視できるようになります。

そうすれば、恐怖心などどこかへ行ってしまいます。

つまり、恐怖とは、あなたの心が作り出しているだけの幻のようなものであり、そもそも本当に恐れる必要のあるものは少ないのです。つまり、人生において自分の首を絞めているのは、自分自身なのです。

世の中で成功する人のほとんどは、人生というお化け屋敷の照明を全部つけて歩いて行っています。しかし、成功できない人はお化け屋敷をそのまま通ろうとして、ためらったり、ひるんだりしてなかなか前に進めないのです。

「人生のお化け屋敷の照明をつけるってどういうこと？」と思うかもしれませんが、難しいことではありません。人生を生きるときに、「自分の未来は絶対に素晴らしいことがある」と確信して生きればいいのです。その確信が、あなたのお化け屋敷の照明を全部つけてくれます。

恐怖心というものは、自分の頭が作り出しているものですから、それだけのことで簡単に消えてしまいます。あなたは、恐怖心にコントロールされて生きていきたいですか？

それとも、自分の考え方を変えて、恐怖心をコントロールして生きていきたいですか？

売上を3倍にする方法

さて、今度は売上を3倍にするにはどうしたらいいのかという話をしたいと思います。売上を3倍にすると聞くと、「そんなこと絶対無理！」と思う人は多いかもしれませんが、そんなことはありません。

売上を3倍にするには、当然ですが、今のやり方を捨てる必要があります。今のやり方のままでいたら、売上は今のままですから。

売上を3倍にする方法としては、ユニクロの柳井会長が推進しているやり方がとても参考になります。ユニクロでは、例えばヒートテックというヒット商品が生まれたとき、年度末に柳井会長が従業員に向かってこう言うのだそうです。

「本当に今年はありがとうございました。皆さん本当に頑張って、120パーセントの売上を出して、過去最高の売上を記録することができました。なので、来年はこの3倍を目指しましょう」と。

1年間全力で頑張って120パーセントだったのに、その3倍の売上を上げようと言われるわけですから、従業員はみんなびっくり仰天するわけです。しかし、3倍にしようと言われると、それならヒートテックという商品だけに頼ってはいられない、というふうに発想の転換がそこで始まります。

売上を3倍にするためには、それまでやってきたことをいったん捨てて、やってこなかったことを取り入れて、再構築するしかないわけです。それを毎年のように行うので、ユニクロでは次のヒット商品が生まれ、過去最高売上を更新し続けることができているわけです。

これは、実際に3倍にできなくてもいいんです。ユニクロでも、3倍を目指すと言っていても、実際の売上は2倍程度だったりします。とはいえ、それでも売上を2倍に増やし続ければ、企業はとんでもないスピードで成長していきます。これまで100億円だった売上が200億円になるわけですから、これはとんでもないことです。

大事なのは、3倍にするという方針を明確にすることなのです。そして、それを公言し、従業員と共有することで、意識改革が起きて方法が刷新される。結果として2倍にしかならなかったとしても、それはそれで素晴らしい結果であり、そこからさらに3倍を目指していけばいいわけです。

これまで使ってこなかった方法を使うという点では、最も導入しやすいのは広告の出し方でしょう。人間は、自分の中で枠を作って、その中で物事を考え続ける傾向があります。自分の安心領域（コンフォートゾーン）というものを作って、その中から出ていかなくなるんですね。

広告の手法も、これまでずっと続けてきた手法を、何の反省もなく使い続けている企業はかなり多いはずです。これは手法だけでなく、予算でも同じことが言えます。毎月10万円までしか広告費を使っていなかったのなら、それを一度50万円にアップしてみる、１００万円にアップしてみるということを考えてみましょう。

費用対効果さえ合っていれば、それは無謀な冒険ではないのですから、1つの選択肢として真剣に考えてみてはどうでしょうか？

そんなお金、手元にないよと言う人もいるかもしれませんが、費用対効果さえ現実的であれば、銀行からお金を借りることだってできます。

自分を型にはめずに、大きなビジネスをしようと考えることで、ビジネスをとんでもないスピードで大きく成長させる道はいくらでも見つかります。自分を閉じ込めている枠を取り払うだけで、自分のビジネスはどんどん大きくなっていくかもしれないのです。

また、売上を3倍にする方法という観点で言えば、すでに第3章の売上を上げる方法は3つしかないというところで説明したので、詳しくはそちらを参照してほしいのですが、「お客様単価を上げる」ことが重要になってきます。

売上が上がらない、上がらないと嘆いている人に限って、自分の商品を過小評価して、単価を安くしてしまっていることが往々にしてあります。なぜ単価を安くしてしまうかというと、究極的には経営者の自信のなさ、不安の表れだと思います。あなたが今100円で売っている商品を、もしかしたら1000円で買いたい、1万円で買いたいと思ってくれる人がいるかもしれない。そういう可能性があるのだということに気づいてください。

お客様の行動・決断を左右させる方法

ビジネスを始めると、「お客様の心をどのように動かせば、うちの商品を買ってくれるんだろう？」と悩むことが多くなります。ここでは、人の心理を巧みに利用して行動に導かせるためにおさえておきたい9つの心理について説明したいと思います。こちらは、かなり絶大な威力を発揮するものですので、悪用はしないでください。

マーケティング指導、起業家育成の世界で知られ、『ザ・ローンチ』の著者でもあるジェフ・ウォーカーは、人々の行動決断を左右させる潜在意識への働きかけを「メンタルトリガー」と呼んでいます。メンタルトリガー、日本語に直訳すると「心の引き金」ですね。この人間の心の中にある引き金というものは、実はここで紹介する9つの心理にあるのです。

1つ目は、「権威」。

白衣を着た病院の先生の話に疑問を抱かないのは、あなたがその医師に権威を感じているからです。チャンネル登録者100万人を超えているYouTuberの話を鵜呑みにしてしまうのも、その登録者に権威を感じているからです。

ですから、私にはこれだけの教え子が全国にいるとか、これだけのリピート率を誇っていますとか、そういった説明の仕方をすることで、お客様はあなたに権威を感じて、「それならこの人のところでお願いしよう」と背中を押されるかもしれません。

プロフィールを書くとき、権威という観点から、今まで自分が築き上げてきたものを紹介するようにしてみましょう。

2つ目は、「相互関係」。

試食品を食べたら、何か買ってあげないといけないかな……と考えるのは人間として当たり前の心理です。これが、相互関係。別の言い方をすると、返報性の原理ともいいます。何かを与えられ、与えられ続けると、人間はその人にお返しをしないといけないかもしれないと考え始めるものなので、その心理を利用するわけです。

ところが、世の中でマーケティングに失敗している人というのは、ギブアンドテイクで、「何かあげたんだから、あなたも何かください」と求めてしまうんですね。

これでは、ダメです。ひたすらギブをする。自分が持っている情報、お得なもの、すべてギブしまくると、自然とお客様はこの人から何か買ってあげようという気持ちになるのです。


3つ目は、「信頼」。

これはとてもシンプルなことですが、消費者は信頼していない人からはモノは買いません。

ですから、自分自身と自分の企業が、信頼できる存在なのだということをアピールする必要があります。

例えば、SNSを使っている人は、自分が信用している友達がシェアしている情報を信じる確率が高いので、そういった人と人との間の信頼関係を利用して、こちらの信頼度を上げるのです。

「シェアしてくれたら◎◎をプレゼントします!」といったキャンペーンを打って、どんどんシェアしてもらうと、すでにある信頼関係を利用して知名度を上げることができます。

4つ目は、「期待」。

人には、クリスマス、夏休み、お正月、誕生日などを待ち遠しく思う気持ちがあります。

これが「期待」ですね。

ですから、あなたの商品の発売日を、お客様が楽しみに期待しながら待ちたくなるような仕掛けを作るのです。例えば、大ヒットしたiPhoneは、毎年9月頃から情報が漏れ出して、11月くらいに発売になるわけですが、ほんのちょっと情報が漏れるだけで人の期待感を煽るわけです。これは、とても上手いマーケティング手法だと思います。

5つ目は、「好感度」。

これは、信頼に近いものがあるのですが、人は「好感度」の高い人やモノに惹かれる傾向があります。例えば、あなたが好印象を抱いている知り合いの立ち上げた飲食店に行ってみたくなるとか、好感触を持っている人の情報をシェアしたくなるというのは、その心理が働いているからです。

ですから、自らの好感度を上げるとか、あるいは好感度の高い人を利用するといったアプローチが有効になってきます。

6つ目は、「イベントと儀式」。

イベントや式典などは人の気持ちを盛り上げてくれますので、そういったものと絡めたマーケティングを行うのも有効です。例えば、お花見などのイベントがあることを見越して、商品を企画するといった方法ですね。

こういう商品を作りましたから買ってくださいではなく、お花見のためにこんな商品を企画しましたというほうが、お客様は自然に買ってくれたりします。

7つ目は、「コミュニティ」。

これもイベントに近いものがあるのですが、オフ会とか、何かグループの集まりなどに行くと、人間は自然と財布のひもが緩むものです。

ですから、フェイスブックなどのコミュニティを自ら運営して、そこで商品を宣伝するというのも1つの手です。ただし、全く商品と関係のないコミュニティですと浮いてしまいますので、関連性のあるコミュニティを作るか、すでにあるコミュニティで関連性のあるものに入るかを選べばいいと思います。関連性があるなら、その商品に興味を持ってくれる人は元々多いはずですから、嫌がられるどころかむしろ感謝されることだってあり得ます。

8つ目は、「希少性」。

当然のことですが、人は在庫が少なくなった商品、手に入れにくい商品をどうしても手に入れたくなる傾向があります。

限定商品などに目がない人は、世の中に大勢いるのです。ですから、いついつまでがセール期間ですといった時間的な希少性や、残りあといくつといった在庫的な希少性を利用してモノを売ると、それだけで売上が上がることがあります。楽天のランキング上位に入っている商品は、ほとんどすべてこの希少性を演出しています。

９つ目は、「社会的証明」。

これも信頼に近いものですが、例えば、食べログを参考にしてお店を選ぼうとするのは、その店が「社会的に良い店だと証明されている」からです。

ですから、あなたの商品やサービスも、「良いものだと社会的に証明されているんですよ」というアピールができれば、自然とお客様は集まってきます。

これら９つのメンタルトリガーを、１つだけとか、２つだけ満たすのではなく、一度、９つすべて盛り込んで商品やサービスを販売してみてください。

すべて満たした場合、ものすごい威力を発揮してくれるはずですから、何かを売るときにはこれらのメンタルトリガーを常に意識しておくといいでしょう。

お客様の行動・決断を左右させる
9つの方法(メンタルトリガー)

① 権威

② 相互関係

③ 信頼

④ 期待

⑤ 好感度

⑥ イベントと儀式

⑦ コミュニティ

⑧ 希少性

⑨ 社会的証明

あなたのビジネスを飛躍させる魔法の50の質問

世界的なマーケッターや経営コンサルタントが、企業の業績を改善するためにする50の質問というものがあります。これを、あなたのビジネスを飛躍させるための魔法の50の質問として、私がわかりやすく書き換えてみました。

質問に答えるだけで、ビジネスが飛躍すると聞くと、「そんな簡単にいくだろうか」と疑問に思う人もいるかもしれませんが、質問と回答には実はとんでもないパワーが秘められています。なぜなら、質問に答えていくと、今のあなたが気づいていない盲点や、あなた自身の現状についての理解が、一気に進むからです。

次のページからの50の質問に答えていくだけで、あなたのビジネスが驚くほど飛躍していきます。それでは、答えていってみてください。

あなたのビジネスを飛躍させる魔法の50の質問

Q1　今の仕事を始めた動機と、あなたがワクワクすることとは？

A

Q2　どうやってお客様を集める予定ですか？

A

Q3　お客様は、なぜあなたから買うのでしょうか？

A

Q4　お客様を爆発的に増やす方法として、どのようなアイデアがありますか？

A

Q5　お客様を自分で作業せずに増やす方法として、どのようなアイデアがありますか？

A

Q6　大手なら、どのような方法でお客様を増やすと思いますか？

A

Q7　お客様を増やす方法として、どのようなテストを試してみますか？

A

Q8　お客様とどのような方法で関係を深くする予定ですか？　そしてお客様をどのようにフォローしていきますか？

A

Q9　お客様が感動するぐらいのフォローとはどのような行動でしょうか？

A

Q10　あなたのお客様が「私のことだ！」と叫びたくなる商品のタイトルとは、どのようなタイトルでしょうか？

A

Q11　そのお客様が望む結果は、どのような結果でしょうか？
（複数お答えください）

A

Q12　自分の利益にも強く関係するという理由で、あなたのビジネスを急激に成長させるのに手を貸してくれそうな人は誰ですか？（複数お答えください）

A

Q13　あなたのビジネスを急加速させるために、どのようなスターをリクルートすることを考えられますか？（具体的に）

A

Q14　理想のお客様を具体的に答えてください
（年齢・性別・職業・どのような性格・どんな生活を送っているか）

A

Q15　そのお客様が幸せになるための、お客様の問題点とは何ですか？（あなたのサービスによってどんな幸せを与えられますか）

A

Q16　あなたのビジネスではなく、そのお客様の問題点をどのように改善することができますか？

A

Q17　あなたのビジネスを急激に加速する大物とは誰ですか？
そして、どのようにその人と接触し、オファーをしますか？

A

Q18　今後3ヶ月間の目標売上は？

A

Q19　あなたの典型的なお客様の、生涯価値　ＬＴＶ＝ライフタイムバリューは？　（生涯価値とは１人のお客様があなたにトータルで平均、どれくらいお金を支払ってくれるか？　ということです。例えば５０００円の商品を平均で３回買ってくれるなら、生涯価値は１万５０００円となります）

A

Q20　お客様が考える最大の不満や苦情は何ですか？　その問題にどのように対処すべきですか？

A

Q21　あなたのビジネスの他社に負けないオリジナリティ（独自性）とは？

A

Q22　あなたの競合相手が持つオリジナリティは何ですか？

A

Q23　あなたにとって最大の競合は？　競合が成功している理由と、あなたにないものはなんですか？

A

Q24　競合の強みに対抗するために、どんな方法をとるべきですか？

A

Q25　競争する際の、あなたの最大の弱みは何ですか？　それをどうやって埋め合わせていますか？

A

Q26　あなたのビジネスを徹底的に固定費をかけずに行う方法とは？

A

Q27　あなたのお客様が喉から手が出るほど欲しいものはなんですか？　なぜ、あなたにはそれがわかるのですか？

A

Q28　お客様はあなただけから買っているのですか、それとも、競合他社からも買っているのですか？　独占するためには何ができますか？

A

Q29　あなたの関わっている市場（全体）の可能性と、その中でのあなたのシェアはどれぐらいですか？　そのシェアを高めるために、何を行いますか？

A

Q30　１人の新規お客様を獲得するためのコストは？　それが、世間の相場と比べて、一般的な額かどうか。そして、それをどのように下げることができますか？

A

Q31　あなたのビジネスを3ヶ月で売上を10倍にするためには、何を断ち切り、何を始めますか？

A

Q32　今のビジネスを月額定額制課金（サブスプリクション）にするためには、どのようなサービスが考えられますか？

A

Q33　あなたの弱点をできるだけ包み隠さずに単刀直入に挙げてください。予算的なもの、人間関係、感情なども含め、すべて挙げること。

A

Q34　お客様があなたの商品を購入するために、圧倒的にハードルを下げる方法とは？

A

Q35　本人の意思でお客様を口コミ・リピーターにさせるために、どのようなアイデアがありますか？

A

Q36　お客様の声は十分にありますか？　それをマーケティングにどう利用していますか？　また、その影響力を測ったり、比較したり、数字で表したりできますか？

A

Q37　これまでに紹介・口コミを積極的に求めていますか？

A

Q38　関係の途絶えたお客様や以前断られた相手に、もう一度購入していただくためにはどのようなアイデアがありますか？

A

Q39　これまで、自分のお客様にならなかった人に対し、どのようにしてお客様になってもらいますか？

A

Q40　お客様と繋がりをもって、自分のサービスがお客様に役立つ点を絶えず伝える努力をしていますか？

A

Q41　お客様が断ることができない新しいアイデアとは？

A

Q42　お客様に提供できる今までにない（日本初や世界初）のサービス・価値とは？

A

Q43　あなたのビジネスにおいてのアップセル・ダウンセル・クロスセルは？

A

Q44　取引のリスクを取り除くために、お客様にどんな保証をしていますか？　（例：全額返金保証）

A

Q45　あなたのビジネスにおいて無料で提供できるサービスは何ですか？

A

Q46　お客様、および見込み客全員の氏名、住所、電話番号を、どうやって記録していますか？　また、それをマーケティング計画に利用していますか？

A

Q47　注文を、圧倒的に増やすために何ができますか？

A

Q48　新規のお客様に対する初回販売額は、いくらですか？

A

Q49　名簿業者やデータ業者を利用していますか？　していない場合、最初にどこで見込み客のリストを入手しようとしていますか？

A

Q50　お客様のリストを他社と共同で使っていますか？　使っていない場合は、どのようにオファーをすべきですか（これをジョイントベンチャーと呼びます）

A

いかがでしたか？

この50の質問に真摯《しんし》に答えただけで、あなたの現状、あなたが抱えている問題点、あなたが進むべき道が、答える前よりもずっとはっきりしたのではないでしょうか。

道に迷ったら、この50の質問に戻ってきて、何度でも答えてみましょう。

副業すると出てくる問題解決10の方法

副業を始めると、始める前には思いも寄らなかったようなさまざまな問題が次から次へと出てくるものです。ここでは、それらの問題をスパッと解決するための10の方法をご紹介したいと思います。

その前に、ビジネス上の問題を解決するということについて、基本中の基本を明らかにしておきます。それは何かというと、ビジネスの問題はすべてお金で解決できる、ということです。

私生活においては、お金で解決できない問題はたくさんあります。恋愛とか、親子の情の問題とか、そういったことはお金で必ずしも解決できるわけではありません。ところが、ビジネスというものはお金が動いて成立するものですから、すべての問題をお金で解決することができるのです。

従業員が足りないなら新しく雇えばいいいし、法律上の問題が発生したら弁護士を雇えば良いわけです。まずは、ここをきちんと押さえておきましょう。

それでは、10の問題解決方法に行きます。


1つ目、「自分のお金でビジネスをしない」。


自分のお金でビジネスをしないということは、銀行から融資してもらったり、人から投資してもらったりしてビジネスをしなさいということです。

なぜそのほうがいいのかというと、自分のお金でやるとなると人によっては責任感が非常に薄くなってしまうからです。

他人のお金を使ってビジネスをしているほうが、身も心も引き締まって責任感のある経営ができるという人は多いのです。

それとは逆に、自分のお金だとどうしても大胆なことができないという真逆の考えの人もいます。自分のお金おしさで、勝負できなくなるわけです。

そういう人も、他人にお金を出してもらってビジネスすることで、そういった制限のない状態でビジネスをすることができるようになりますし、そもそもビジネス上の問題はすべてお金で解決できるわけですから、問題が出てきたら他人にお金を出してもらうということを当たり前にしておくほうが、いちいち問題が発生するたびに「どうしよう」と頭を抱えずに済みます。

2つ目、「欠乏マインドではなく豊かさマインドを持つ」。

これも何度となくお話ししていますが、あるものが「ない」という意識を持って生きているよりも、それが「ある」んだ、それも「豊かにある」んだと思って生きているほうが、物事は上手くいきやすいのです。なぜなら、そのほうが心に余裕ができ、視野も広くなるからです。

お金がない、時間がない、人間関係も良くない、健康状態も悪い、と思っていると、自然と心の余裕がなくなって、クレーム対応などでも相手の機嫌を損ねてしまったり、商談においてもミスをしてしまったりするものです。

自分はもうすでに豊かなのだ、すべて揃っているのだと思って生きているほうが、心に余裕ができて、ビジネスの現場でも正しい振る舞いができるものなのです。

3つ目、「競争マインドではなく協力マインドを持つ」。

他人と競い合って、あの人よりも好成績を取りたい、あの人を出し抜いてやりたいとか、そういった考え方はもう現代では通用しなくなってきました。

昔はそういう時代もあったかもしれませんが、現代は、むしろ「協力し合う」時代になってきています。スタンドプレー、個人プレーで会社の業績を上げられる時代はもう終わっているのです。しかも、現在はコロナ禍の最中ですから、なおさら協力マインドが求められています。

4つ目、「完璧主義ではなく完了主義」。

これはすでにお話ししましたので、詳しくは語りませんが、日本人に多い完璧主義者は、現代のビジネスのスピードについていけません。

完璧主義を捨てて、物事を期日通りにきっちり完了させる、というスタイルで仕事をするほうが、問題も解決しやすくなります。

逆に完璧主義は、要求が多くなるため、そのぶん問題を増やしてしまいがちです。

5つ目、「何を増やすかではなく、何を減らすかで考える」。

事務所がどんどん大きくなって固定費も上がり、ビジネスを拡大するためにあらゆるものを次から次へと増やしていく……。もちろん、大手企業ならこのやり方、つまりいろいろなものを増やすことによって、売上も増やそうとするやり方は絶対的に正しい方法だったかもしれません。

でも、あくまでも「だった」であって、今では大手でさえも生き残れるかどうかが不透明な時代ですから、「何を減らすか」にシフトしてきました。

消費者の傾向としても、ミニマリストという存在がフォーカスされているように、何でもかんでも欲しがるのではなくて、本当に欲しいものだけを持つ、という傾向が強くなってきていますから、あなたのビジネスもその傾向に合わせて商品開発をしなければ、生き残れない時代になってきているということです。

何を減らすか、何を優先し、何に集中するべきなのかを考えることで、問題解決の糸口が見えてくることがあります。

6つ目は、「深刻になりすぎないこと」。

ビジネスをやっていると問題が次から次へと現れるのは当たり前、日常茶飯事です。ですから、1つ1つの問題を深刻に受け止めすぎないことが大切。かくいう私も昔はそういうタイプだったのですが、深刻になりすぎてしまうと、たいていビジネスは上手くいかなくなります。

もっと軽やかな気持ちで、物事に対処していかないといけません。深刻に受け止めすぎないように、常に心がけておきましょう。

7つ目は、「リストさえあれば方向転換できる」。

リストというのは、「顧客リスト」のこと。あなたのことを知っていて、あなたの商品やサービスの価値を知っている人々のリストさえあれば、もしあなたがビジネスの方向を転換したとしても、きちんと買い手がついてくれます。

仮に、時代の変化を見越してあなたが大胆な方針転換をしても、最初からお客様がゼロということにはならず、リストに載っている人たちにきちんと説明すれば、新しい商品やサービスにも理解を示してくれるはずです。

リストを持っていれば、何かの問題が出てきたときでも、突然お客様がいなくなるということはありませんから、そういう人は生き残る力が強いわけです。

8つ目、「固定費をとにかくかけない」。

これからの時代、固定費＝リスクという認識を持つことが重要です。本当に先の読めない時代になってきていますから、固定費が多ければ多いほど、それはリスクになります。「10年後もこのビジネスは伸びる！」と確信して、大きな固定費をかけても、本当にそれが10年続くのかは未知数です。できるだけ固定費をかけずにできるビジネスのほうがフットワークは軽くなりますし、リスクが少ないので状況の変化に即時に対応でき、方向転換もしやすいわけです。

9つ目、「契約書を交わす」。

これをおろそかにしている人がかなり多いのですが、相手を守るためにも自分を守るためにも、取引先と契約書をきちんと交わしましょう。そのほうがビジネス上の問題が起こる前に未然に回避することができます。

10個目、「自分を安売りしない」。

自分を安売りするから、いろいろなものを背負わなければならなくなって、クレームを言ってくる人も増えるのです。

そもそも自分にかなりの投資をして、学んできて、自信を持ってビジネスをするならば、安売りをしてはいけません。

むしろ、安売りをしないほうが、お客様の満足につながったりもするのです。

これまで頑張ってきたという自覚があるのなら、なおさら安売りはやめてください。

そのほうがお客様のためにもなるのだという意識を持っていただきたいと思います。

ビジネスをやっていく中で問題が起きたら、この10の問題解決方法に立ち帰ってみてください。

副業すると出てくる問題解決10の方法

① 自分のお金でビジネスをしない

② 欠乏マインドではなく豊かさマインドを持つ

③ 競争マインドではなく協力マインドを持つ

④ 完璧主義ではなく完了主義

⑤ 何を増やすかではなく、何を減らすかで考える

⑥ 深刻になりすぎないこと

⑦ リストさえあれば方向転換できる

⑧ 固定費をとにかくかけない

⑨ 契約書を交わす

⑩ 自分を安売りしない

第6章

ブランディングって何？

あなたは世の中で何と呼ばれたいですか？

いきなり皆さんに質問です。

「ブランディングとは何でしょうか？」

ブランディングって何と聞かれて、すぐに明確に答えられる人はあまりいないかもしれません。自分をブランド化することとか、自分をブランドとして売り出すこと、といった認識を持っている方が多いと思いますが、この際ですからブランディングとは何か、はっきりさせておきましょう。

ブランディングとは、「あなたが周りから何と呼ばれたい（言われたい）か、思われたいか」です。これが、ブランディングのすべてといってもいいくらいのエッセンスです。

どう呼ばれたいか、どう言われたいかというと、ちょっと漠然としていますね。

「ビジネスが上手だね」とか、「人材育成が上手だね」とか、もちろん、そういった褒め言葉をもらいたい、でもいいですし、それもブランディングにはなるのですが、皆さんに目指していただきたいのは、「●●といえば、あなた（またはあなたの会社）だよね」という言葉。これが最強のブランディングになるのです。

例えば、iPhoneを例に取りましょう。iPhoneは、世間の人々から何と言われているでしょうか。「スマホといえばiPhoneだよね」という言葉はよく聞きますし、実際にそう思っている人も大勢いますよね。この時点で、すでにiPhoneのブランディングは大成功しています。

私でいえば「写真の学校だよね」とか、「副業ビジネスの講師だよね」なんて言われたら、ブランディングは大成功です。

つまり、ブランディングとは、自分が周りにどう思われたいかという「アイデンティティ」の問題なわけです。アイデンティティは、他人が作ってくれるものではありません。自分自身で築き上げることができ、また、コントロールすることができるものなのです。

ですから、自ら進んで意欲的に、「人からどう思われたいか」という理想像を明確にし、それを自分のアピールポイントとして売り込んでいくべきなのです。もちろん、これは、個人としてのあなただけでなく、あなたの会社や、あなたの商品やサービスにも当てはまることです。

ブランディングに成功すれば、世の中にあまたある商品やサービス、企業の中から、お客様があなたのことを選んでくれるようになります。逆にブランディングができていないと、あなたはその他大勢に埋もれてしまうでしょう。

ブランディングを行う上で、まず注意点として、「自分がどう思われたいか」というポイントを、7つ書き出してほしいのです。1つや2つでは足りません。自分自身のブランディングを例に挙げますと、このようになります。

私、小椋翔は、経営コンサルトとして年商80億円の社長から普通の主婦の方々まで数々の売上に貢献した実績があり、また、ダイエット検定1級を所持する健康オタクで、3年間で全国に800名の生徒を送り出したカメラマン養成所の学校長でもあります。そして、毎月家族旅行に繰り出す3児の父親であり、これまで最も多いときで従業員30名以上を抱える会社の社長を務め、合計3社を経営し、年間1000万円ほど自己投資をしながら経営や人生を学び、週5～7日間休みながら、ビジネスはほぼ信頼できる人に委任しつつ、プライベートに秘書をつけたので公私ともに効率的に過ごすことができています。最近では世界中を仲間たちと冒険しながら、経営をコンサルする「冒険団」という活動を行っております。その他、元々はプロのミュージシャンでもあり、コピーライターとして活動したりもしていました。

こういった感じでしょうか？

あなたもこんなふうに、思いつく限り、自分が人からどう思われたいかを書き出してみましょう。商品やサービスについても書いてみましょう。そして、こういった「優位性」や「強み」を明確にしたら、それをＳＮＳやブログ、あるいは名刺などに書いて発信していってください。

そうすることで、目の前のお客様だけでなく、今、あなたの目の前にはいない人々（潜在的なお客様）にもあなたの存在が伝わっていくようになります。

商品やサービスのブランディングという点では、「売りっぱなし」をやめることが重要です。商品を売ったら売りっぱなしの企業が多い中で、売った後に買ってくれたお客様に対して他社よりも多くの価値を提供することで、それがブランディングとなるのです。そして、ブランディングが上手くいけば、口コミで一瞬にして広がり、さらにそれがどんどん波及していきます。

それでは、早速、あなたが他人から「どう思われたいか」という部分、つまりあなたにしかない強みや優位性を、7つ書き出してみてください。

どこにフォーカスすれば、大きな結果へと繋がるのか

ここでは、あなたのフォーカスが変われば、必ず結果が変わるというお話をしたいと思います。フォーカスというのは、直訳すれば「焦点」のことです。カメラのレンズの焦点ですね。あなたがビジネスをする上で、どこにあなたのエネルギーを集中して注ぐべきかということですね。

例えば、私のところに来られる方には、「1億円が欲しいんです」という人がすごく多いのですが、そういう人が実際のところ今何をやっているのかと聞くと、「飲食店を

1店舗経営しています」というわけです。

飲食店を1店舗だけ経営していて、1ヶ月の売上から自分の手元に入ってくるお金ってどのくらいかというと、その店の売上にもよりますが、だいたい30万円くらいじゃないでしょうか？　その状態で1店舗だけ経営していては、1億円を稼ぐには、正直に申し上げて恐らく1回分の人生では足りません。

それでは何店舗も経営すればいいんじゃないかと思うかもしれませんが、数十店舗も飲食店を経営するとなると、それなりのリスクと労力がかかってきますし、そのすべてが報われるとも限りません。

こういう人たちは、そもそもフォーカスをどこに向けるかという時点で間違っているのです。世の中で結果を出せない人の多くが、低いところにフォーカスしてしまっています。

例えば、前述の飲食店経営者の方でしたら、店舗を経営するというところにフォーカスしているのを、店舗をプロデュースするというところにフォーカスしていくと、より少ない労力で1億円が手に入るかもしれません。

フォーカスを変えれば、おのずと目標達成までの道のりも変わってくるわけです。本当にあなたが1億円欲しいと思っているのなら、今の自分のフォーカスで本当にそれが実現できるのか？　という点をよく考えてみてください。

それでは、ビジネスを発展させていく上で、どんなところにフォーカスを合わせるのが、最も効果的なのでしょうか。こう聞かれると、「業界ナンバーワン」を目指すとか、「日本一」を目指すといったところにフォーカスを合わせようとする人がいます。確かに高いところにフォーカスを合わせるという点では間違ってはいないのですが、こういったフォーカスには落とし穴があります。業界トップ、日本一、いずれも測定基準があいまいなので、その目標達成のために実際の行動に落とし込もうとしたときに、何をどうしたらいいのかよくわからなくなってしまうのです。

ですから、あまりにも高いところにフォーカスするのは、実はそれほど効果的ではありません。それでは、どこにフォーカスを合わせればいいのか。

答えは、「1パーセント」です。

どういうことかというと、その業界のお客様の1パーセントからの認知をいただく、ということにフォーカスを合わせるのです。

あなたがやろうとしているビジネスの潜在的なお客様が100万人いるなら、その中の1万人にあなたの商品やサービスを知っていただく。そこを目指してください。たった1パーセントと侮るなかれ。認知度1パーセントを制するものが、その業界を制するとも言われています。

1パーセントの認知をもらえればいいのだ、と考えるようになると、自ずと自分が取るべき行動が見えやすくなってきますし、1パーセントなら大手企業じゃなくてもできそうだなと思えるはずです。

1パーセントにフォーカスするのはわかった、でも、「残りの99パーセントに対しては働きかけなくていいの？」と思う人もいるでしょう。

答えは、働きかけなくて良い、です。なぜなら、1パーセントの人の認知をもらえて、その人たちがあなたの商品やサービスを気に入ってくれれば、その人たちが勝手にあなたのことを話題にしてくれて、残りの99パーセントの人々は自然にあなたのことを知るようになるのです。

これは、例えばホリエモンさんのブランディングに近いものがあります。ホリエモンさんは、99パーセントの人に嫌われようが、どう思われようがどうでもいいという考え方の持ち主。たとえ99パーセントが自分のアンチであっても、1パーセントのファンがいてくれれば、SNSで拡散してくれたり、炎上したり、メディアが取り上げてくれたりするので、自分のファンは減らないどころか、むしろ少しずつ増えていくわけです。

このように、その業界のたった1パーセントだけでいいから、認知度を獲得する。1パーセントくらいの認知度でいいのだ、と思えば、行動にも移りやすくなりますし、アイデアも思いつきやすくなります。

つまり、あなたの取るべき行動が変わり、手に入る結果も変わってくるのです。ぜひ、1パーセントにフォーカスするということを意識してみてください。

一生売れる3つの影響力

副業ビジネスを始めると、「自分は本当にこれで一生食べていけるのだろうか？」という疑問が思い浮かんで、不安に駆られる人が大勢います。

一生食べていくためには、何をどうすればいいのか、さっぱり見当もつかないと嘆いている人のために、ここでは、これさえ身につけて磨いていけば、一生食べていけるという「3つの影響力」というものをご紹介します。

まず1つ目が、「マーケティング能力」。

仮にビジネスの内容を変えてもマーケティングの基礎ができていて、本質が掴めていれば、絶対に売上を上げることができて、食べていくことができます。ただし、マーケティング能力だけを持っていても、ビジネスは成り立ちませんので、その他の2つの能力も重要になってきます。

2つ目が、「ライティング能力」。

ライティングとは、文章や言葉を書くことです。つまり、言葉を紡ぐ能力のことですね。

言葉の力を知っていて、言葉の能力を高めることができる人は、自分のマーケティング能力にライティング能力をプラスするだけで、SNSやブログ、アフィリエイト

一生売れる３つの影響力

① マーケティング能力

② ライティング能力

③ 本人の影響力

などいろいろな形で収益を上げることができます。まさに食うに困らない能力といった感じです。

この能力があれば、例えば人から仕事を任されることもあるでしょうし、自分のビジネスを拡大していくときに、自らの能力でブランディングも成功に導けるでしょう。

そして３つ目が、「本人の影響力」。

自分自身の影響力があれば、今の仕事を辞めても食べていくことができるでしょう。影響力とは、あなたのフォロワーのリストを指します。ＳＮＳ、例えばインスタグラムやフェイスブック、ツイッター、YouTubeなどであなたをフォローしてくれている人たちが、あなたの影響力そのものを表す指標なのです。

さて、マーケティング能力、ライティング能力、そして本人の影響力。私はこれらを、今まで死ぬほど勉強して磨いてきました。

そうすることによって、私自身、自分が手がけてきたすべてのビジネスにおいて、これらの能力が非常にエッセンシャルな役割を果たしていることを実感していますし、この3つの能力さえあれば、どんな状況になっても食っていける、と確信しています。

皆さんも、この3つの能力を常に磨き続けることで、一生食っていける土台を築きましょう。

「下請け」で終わってはいけない

「仕事をください」

副業を始めたばかりの人は、その不安を補うために、「仕事をください」と周りに言いたくなるでしょう。

しかし、これをしてしまうとその人との間に上下関係ができてしまい、結局のところ、ストレスから解放されるために副業を始めたのにもかかわらず、あなた自身を再び人間関係の檻の中に閉じ込めることになってしまうのです。

時には「私に頼らないと損をしますよ」ぐらいの堂々としたマインドを持つことも大切です。もちろん、それは傲慢《ごうまん》になるという意味ではなく、自分を過大評価するという意味でもなく、自立した者同士でＷＩＮ－ＷＩＮな関係を築こうというマインドです。そのマインドを持つことで、同じマインドを持つ相手との相乗効果が生まれるのです。

例えば、銀行のお仕事は何でしょうか？

お金を貸すことですよね。ということは、その相手に「もしよろしければお金を貸していただけませんか？」と頼んだ場合、あなたと銀行は本当に対等な立場といえるでしょうか。

相手のビジネスに対して、こちらもお客様なのですから、本当に対等な立場に立つなら、こちらは銀行のお金を借りてビジネスをし、その利息をお支払いしますよという計画を見せれば、向こうだって問題なくお金を貸してくれますし、むしろ向こうが「お金を貸したい」と思うかもしれないのです。

銀行からすれば、利益と成長が見込めて再現性が高い証拠を揃えてもらえれば、安心してお金をお貸しすることができるからです。

それは、例えば政治家の先生に対しても同じです。どうしても、「先生」という立場の方には、知らず知らずのうちに上下関係を意識してしまうかもしれませんが、政治家の仕事、そして政治家には必ず国民の支持が必要となるため、決して、どちらが上でどちらが下という意識を持たずに対等に向き合えば、そんな人ともきちんと相乗効果を生み出すことができるのです。

例えば、ソフトバンクの孫さん、アマゾンのジェフ・ベゾス、電気自動車企業テスラのイーロン・マスク、このような成功者たちが、銀行や政治家に頭を下げているイメージはできるでしょうか？

彼らは成功しているからそうしなかったのではなく、成功する前から、上下関係に基づいたビジネスをしようとは考えておらず、対等な立場でお互いが自立しながらWIN-WINになれる関係性を模索し、相乗効果を生み出してきた結果、今のような大成功を収めることができたのです。

このような強いマインドを維持するためにオススメしたいのは、今の段階で、あなたの理想的な人生を明確にイメージし、その〝理想的な人生がすでに手に入った状態〟で生きることです。その状態でさまざまなことに対する判断を下せば、あなたは仕事をオファーするとき、仕事を請け負うとき、銀行や政治家に、どのようなあり方で対応すると思いますか？

例えば、あなたの副業が成功し、年商10億の会社の社長となった場合、あなたはそのときどのような在り方をしているでしょうか？

周りの人々を大切にし、あらゆることに感謝をし、何事にも動じることなく、目先の欲求に誘導されることなく、健康を重視し、時間的な余裕を持って安定し、かつ豊かな暮らしを送っているのではないでしょうか？

実際には通帳にそのような莫大な金額が入っていなかったとしても、こうした未来の在り方に基づいて、現在のことを判断、または決断をすることによって、実際にあなたの元へやってくる仕事内容や目標対して違和感を覚え始めるようになります。

なぜなら、現状と、未来像との間に不一致があるからです。

その不一致をなくそうとした行動を続けた結果、最終的にはこのイメージしていた理想の生活が手に入るようになるのです。

あなたという存在は、1人しか存在せず、あなたは誰の上でも下でもないのです。副業で独立するのに、安易に誰かと上下関係を結ばないでください。

それはあなたを自分が思い描いている成功から遠ざけてしまうかもしれません。

TTPの法則

山の頂上に最短で行くためには、どうすればいいと思いますか？

例えば富士山だと、静岡や山梨から登ることができます。山の途中から登る手段もあります。いろいろな手段があると思いますが、ビジネスの世界では、「頂上に何度も行ったことがある人に、道順を聞くこと」が最短の道のりになります。

独学で、自分の価値観だけを頼りにビジネスを進めて成功を摑んだ人はどこにいるでしょうか？　どんな成功者も、そのまた昔の成功者から素直に学んだために成功を摑むことができたのです。

プロの料理人が作った料理をクックパッドに事細かく掲載すれば、普通の主婦の方もそれを読んで同じような料理を作ることができるのと同じです。

それなのに、「アンチョビ」が家にないからといって、適当に自分で作ろうとしてしまったら、プロの料理人と同じ味にはならないですよね。料理や、趣味は、ほとんどの方は素直に成功している人から学ぶにもかかわらず、なぜか、ビジネスだけは成功している人から学ぼうとせず、独学で自分の価値観に基づいて突っ走ってしまう人が多いのです。

そのため、ほとんどの人たちが結局、同じ失敗を繰り返し、同じところで悩んでしまいます。

大手企業でも、新卒の新入社員が入社したときによく「ＴＴＰしなさい」と教えています。「ＴＴＰ」とは、「徹底的にパクる」の略で、先輩から学ぶことや競合のサービスを真似たりすることを含んでいます（携帯会社の価格や、牛丼チェーン店が同じようなキャンペーンを打つのも、このＴＴＰの影響です）。大手は、これで成功するのですが、副業を始めた人たちは「TTP」をしても失敗する人が多いので、私はさらに「P」を増やして、「TTPPの法則」というのを推奨しています。

どういう意味かというと、「徹底的にパクるプロになりなさい」です。中途半端にパクるために、失敗してしまうのです。アレンジや自分の誤った価値観を入れてしまうために、上手くいかないのです。

とにかく成功者がしていることを、徹底的にパクリ続けること。パクることのプロになること。もちろん、パクるといっても、著作権法違反や、成功者の作品、成功者のイメージを損ねることに繋がることなどは、絶対に行ってはいけません。例えば、成功者の多くは朝起きたときと夜寝る前に、自分の理想とする人生像を声に出して読み上げる人が多いそうです。傍目から見れば、相当変わった人ですし、人目があると恥ずかしくてなかなか難しいですよね。

しかし、これは潜在意識（無意識）に働きかける手法としては、とても効果的ということが実証されているので、やるかやらないかで言ったら絶対にやったほうがいいのです。

何より、お金がかからないため、やるか、やらないかの差だけなのです。

ところが、成功できない人は、恥ずかしいという理由で、この成功者の習慣をやらないのです。成功する人は、潜在意識の力を信じているから、この習慣を毎日やる。でも、成功できない人は恥ずかしいからやらない。

たったこれだけの違いですが、これは実に大きな違いなのです。

成功者が住んでいる家を想像してみてください。プール付きの豪邸。マーライオンの口からお湯が出るようなお風呂などをイメージする人もいるかもしれませんが、成功者によって微妙にイメージは違うものの、恐らく皆さん全員が共通してイメージしたのは、「シンプルに片付いている家」ではないかと思います。

そうです。成功者が住んでいる家は、とにかくシンプルで、片付いているのです。

あなたの部屋はいかがでしょうか？

まずは、この辺りから、ＴＴＰＰしてみませんか？

そうすることで、あなたの中に眠る成功者への扉が開いていくかもしれません。

あなたの「在り方」が、あなたの「見え方」に直結するのです。

制限をかけると、ブランディングとなる

今後、あなた自身や商品、サービスをブランディングしていきたいのであれば、「制限をかける」ことが重要になってきます。制限とは、ブランディングをする上で「しないこと（やりたくないこと）」を決めることです。

スティーブ・ジョブズがこれだけ世の中に有名になったのは、とにかく「最高にカッコいい」と呼べるものが生まれるまで、とことん「NO」と言い続けたからです。

まだ副業で成功していないから、例えば報酬の安い仕事や、誰にでもできる仕事に対しても、思わず「YES」と言いたくなる気持ちはわかります。

ただ、それを「NO」と言えば、どうなるかも考えてみてください。そういった結果として、短期的な目線ではなく、長期的な目線で自分と自分のビジネスがどうなっていくかを想像してみましょう。

時間はかかるかもしれないけれど、あなたの価値はどんどん高まり、あなた自身の

ブランディングをする上で制限すべきこと

- ▶ もう集客はしたくない ⇨ 外部委託しましょう
- ▶ ＳＮＳの投稿はしたくない ⇨ スタッフに任せましょう
- ▶ 自分にしかできないことだけをしたい ⇨ 秘書を雇いましょう
- ▶ 無料で公開したくない ⇨ 一部だけ無料にし、あとは有料にしましょう
- ▶ 顔を出したくない ⇨ 顔以外で覚えてもらえることを考えましょう
（例：似顔絵・商品をイメージするもの・キャラクター）
- ▶ お客様と会いたくない ⇨ オンライン完結型にしましょう
- ▶ クレームなど聞きたくない ⇨ お客様とあなたの間に誰かを入れましょう
- ▶ お金に悩みたくない ⇨ 売上・支払いにあなた以外の誰かを入れましょう
- ▶ パソコンを使いたくない ⇨ スマホで完結するようなビジネスに変更しましょう

ブランディングはどんどん成功していくでしょう。

商品に関しても、お客様にすべてを提供したくなる気持ちはわかりますが、制限をかけたほうが価値は上がっていきます。

例えば、フェラーリのとある限定車の場合、正規ディーラーのフェラーリを5台以上所有している人しか購入することができないというシステムになっています。

つまり、6台目でようやく、この限定車を購入できるというわけです。それは、簡単に転売をしないよう、顧客にブランドへの忠誠心を問うためという理由があるそうです。この限定車は、当然の結果として、購入した時点から価値がどんどん上がって

いくそうです。

このように、ブランディングにおいては制限をかけたほうが価値は上がりやすく、上手くいきやすいのです。制限の例をもう少し挙げましょう。

▼限定品（リピーター様限定など）
▼時間制限
▼入場制限
▼年齢制限
▼地域限定

あなたは、どんな「したくないこと」を明確にし、商品にどんな制限をかけていきますか？

有限なのは「時間」

お金は増やすことができます。

友達も仲間も、増やすことができるでしょう。

世の中のあらゆるものは、あなた次第で「無限」に増やすことができるのです。しかし、この人生で唯一増やすことができないものがあります。

どれだけのお金を用いても、どれだけの成功を納めても、増やすことができないもの、それは「時間」です。

時間を増やすことができないということは、あなたがビジネスでより多くのお金を稼ぐためには、あなたの「時給」を上げていくしかないということになります。

ところで、あなたは自分自身の時給がいくらか、知っていますか？

ほとんどの方は、フリーターでもない限り、自分の時給がいくらかを知らないまま生きているのではないでしょうか？

さて、自分の時給を、まずは計算してみてください。その上で、あなたが理想の年収に到達するためには、その時給をどうすればいいのかを考えてみましょう。

ほとんどの方は、今の時給が２０００円だとしたら、それをコツコツと上げていこうと考えます。しかし、それは典型的なサラリーマンの考え方です。

サラリーマンの給料というのは、日本全国の業務に対する報酬の平均値から決まっています。

つまり、こういった業務なら、ここからここまでが妥当な範囲であるという平均値のゾーンからあなたの給料が決まっていて、そのゾーンを上に逸脱するような給料は、まずもらうことができません。

ということは、つまり就職しながら、会社員のままでお金持ちになっていくということは、ほぼ不可能だということです。

なぜなら、平均値を著しく逸脱した時給をもらうことはできないからです。そして、それはつまるところ「時給をコツコツ増やす」という考え方自体が、お金持ちになれない思考だということでもあります。

それでは、お金持ちになるには、どういうマインドセットを採用すればいいのでしょうか？

答えは、簡単です。逆算すればいいのです。あなたの理想的な年収をイメージし、その年収を稼ぐためにはどれだけの売上を上げる必要があり、経費にどれくらいかかり、といったことを逆算していくのです。

そして、理想の年収から逆算して自分のビジネスを描いていくときに、「自分の働きに応じた時給を上げる」ことだけを考えていてはいけません。これも何度も言っていることですが、自分の時給を上げるのに他人の力を借りたっていいのです。

自分がオーナーとして経営を行い、作業を行う場合には、従業員を雇ったり、外注したりすることによって、全体の作業量を増やし、売上を伸ばしていけば、あなたのフトコロに入ってくるお金も当然増えます。または、業務委託契約を結んで、「協業」するのもいいでしょう。さまざまな委託先や部署に仕事を分配して、売上も分配し、そこから経費を差し引いたものが、あなたの取り分になるわけです。

そうした報酬の配分を、関係する全員に見せて、事前に納得してもらった上でビジネスに取り組めばいいわけです。

あなた1人の時給をあなた1人で増やそうとしないでください。それでは、絶対に壁にぶち当たってしまいます。

成果と努力、どちらが先か？

あなたは、どちらが正解だと思いますか？

「努力」すれば「成果」が出る。もしくは、「成果」を掲げて「努力」をする。

正解は、「成果」が先なのです。

わかりやすいように野球で例えますと、あの大谷翔平選手は「メジャーリーガーになりたい」という「成果」、いわば目標を掲げたことによって、普通の「努力」ではなく、その目標に「適した努力」を始めました。メジャーリーガーになるためのバッティング法、英語、フィジカル・トレーニング、メンタル・トレーニング、そういった努力の末に、メジャーリーガーとなれたわけです。

いっぽう、何の成果も掲げずに、ずっと素振りという努力を続けている野球青年がいたとします。「いつか、この素振りで何か声がかかるかなぁ」と願っても、声がかかる可能性は相当低いでしょう。この人が野球を好きなのはわかるのですが、野球選手になりたいのか、草野球をやりたいのか、野球仲間が欲しいのか、どこを目指しているかわからないからです。

第2章でお伝えした「カーナビの原理」も、これと同じです。例えば、「ちょうど1年後に飲食店オープン」と掲げた場合、この本を読んでいる読者全員が、その通りにオープンすることは可能なのです（お金を使わずともオープンする方法はたくさんあります）。にもかかわらず、ほとんどの人は「いつか自分のお店を持てたらいいなぁ」と明確な目標を掲げていないから、1年後も同じことを呟いているのです。

「明確」という言葉の定義は、「いつまでに、何をするのか」です。

あなたの副業ビジネスに対して、いつまでに、どれぐらいの売上を目標とし、それを実現するためには具体的に何を行うのか、改めて明確に考えてみませんか？

想像は無料です。誰にも邪魔されることはありません。制限を設けずに、まずはイメージすることから始めましょう。

成功し続けるための3つの方法

副業を始めようとしているあなたは、きっともっとお金を稼ぎたい、もっと有名になりたい、あるいは、せっかく生まれてきたのだから、自分にしかできないことがしたいという思いに駆られていることでしょう。

そういった思いを一言で集約するとすれば、「成功したい」という心の叫びになると思います。しかし、成功すると一口に言っても、どうやったら成功できるのでしょうか？　そもそも成功って、何をもって成功というのでしょうか？

あなたがもしお金持ちになりたいと思っているのなら、仮に宝くじの一等に当選して数億円の当選金が入ってきたら、それをもって「成功」としますか？

あなたは特に自己実現をしたわけでもなく、知名度が上がったわけでもなく、達成感を持ったわけでもありません。ですから、そういう努力の裏付けのない「1回限りの成功」は成功とは言えないはずです。

ですから、成功するというのは、あなたの努力の裏付けがあって、なおかつ何度も繰り返し何かを達成することを意味しているわけです。言うなれば、成功し続けなければ、成功したとは言えないわけです。

それでは、成功し続けるためには、何が必要なのでしょうか？

この点について、有名な船井総研で誰もが名前を知っているような大手企業の社長さんが話されていた内容が、とても素敵な話だったので、ここでシェアしたいと思います。

成功するために必要なものは、３つだけだと言います。

まず１つ目は、「勉強」。

学ぶことに終わりはありません。生きている限り学び続けること。あらゆる分野を学び、飽くことなく学び、そして、それを周りの人とシェアをする。勉強しない人間が、成功し続けることは不可能といってもいいでしょう。

そして、２つ目が「どんな物事もポジティブに捉える能力」。

ネガティブな出来事が起きたり、大変な難題が降りかかったりしても、常にその物事の明るい側面を見つめるようにする能力が、成功し続けるためには欠かせません。

これは極論ですが、例えばあなたの親友が亡くなってしまったとしても、そのネガティブな出来事の中にあるポジティブな側面を見いだして、自分にとってプラスに持っていく。亡き親友の思い出を胸に、彼のためにこの先の人生頑張ろうとか、彼の遺族のために頑張ろうとか、そういうふうに捉えることができる人は、どんなことがあっても心が落ち込みませんから、どんどん突き進んでいくことができますし、挫折や失敗ですらも糧にすることができます。

このどんな物事もポジティブに捉える能力、これはかなり大事な要素ですが、ほとんどの人が持っていません。日頃から、あらゆる物事の明るい側面を見るようにトレーニングしましょう。

そして、３つ目が、「素直さ」。

ビジネスをやっていると、さまざまな変化を求められます。人間としての変化だけでなく、商品、サービス、宣伝方法など、そのときそのときの状況に応じて変化していかないと、生き残ることができません。

ビジネスとは変化の連続と言ってもいいのです。しかし、変化するためには、素直でいることが必要不可欠です。例えば、お客様からクレームとまではいかないまでも、アドバイスのようなものをいただいたとしましょう。そのときに、その言葉を素直に聞けるか、それとも自分のプライドが邪魔をして話半分に聞き流してしまうか。このちょっとしたことが、あなたのビジネスの明暗を分けることだってあるのです。

また、商品やサービスだって、ずっと代わり映えのしないものを売り続けていると、お客様が飽きてしまって売上が落ちてくることだってあります。そのとき、素直に「売上が落ちた」ということ、そしてその原因が商品やサービスが変化していないことにあるということを、認められるでしょうか？

それを認めることができずに、意固地になっていると、気がつけば誰も商品を買ってくれなくなっていた……ということだってあり得るのです。

というわけで、以上の3つの要素、勉強し続けること、あらゆるものをポジティブに捉える能力、素直さ、を持って頑張っていけば、必ず成功し続けることができます。

もちろん、完璧な人間などいませんから、3つのうちのどれかが欠けているという人は多いと思いますが、今日からでも3つすべてを身につけようとして努力してみてください。

他人軸・自分軸の違い

あなたは今日、どうしてもカレーが食べたいとします。そうして入ったスーパーで、お寿司が50パーセントオフで販売されていました。50パーセントオフはお得なので、カレーはあきらめてお寿司を購入し、満足して帰りました。

実は、この出来事はとても危険な要素を含んでいます。

あなたが強く望んだ未来が、いとも簡単に他人によって変えられてしまっていることに、違和感を感じていないのです。

50パーセントオフの商品が悪いわけではないですが、あなたは他人の影響によって、望むべき未来を変えられたのにもかかわらず、それを「お得」だと感じてしまっているのです。

これが他人軸の強さであり、自分軸の弱さであります。

あなたは何が何でもお金の悩みから解放され、生涯縛られることなく自由に生きていたいと強く決断したとしても、「今はそういう時代じゃないよ～」「そういうのってダサくない？」「その考え方普通じゃないよ」などの言葉に触れ、「普通に生活するのが良くない？」と誘導された場合、結果、あなたの人生は平凡な「普通の人生」で終わってしまいます。

他人軸で重要なことは、他人の影響を受けないのが正解ではなく、他人軸を下げないまま、自分軸を高める必要性があります。

ほとんどの人が他人との約束は守りますが、自分との約束（例えば、ダイエット成功させるぞ！など）を守りきれません。

そのため、知らず知らず、自分との信頼関係が崩れ、自分軸が下がってしまうのです。

では、どうすればいいのか？

それは、あなたは、あなたに対して、「できる約束」をしてください。

ダイエットが成功しなくてもいいのです。自分自身と約束しなければいいのです。

例えば、1日に1回「ありがとう」を言う。これだけでもいいのです。

必ず守れる約束をすることによって、自分軸が高まり、他人の影響よりも自分の思い描いた理想の未来を優先することができるようになります。

いつだって比べるべきところは、他人ではなく、理想の自分と比べるようにしましょう。

例え他人と比べたとしても、自己否定さえしなければ大丈夫です。

あなたの人生は、あなただけのものなのです。

世界一簡単に契約書を作る方法

現代は「協業」の時代であって「競争」の時代はもう終わっているので、ビジネスを展開する上では、他人の力を上手に借りて事業を効率的に大きくしていくべきだという話をこれまでに何度もしてきました。

そのときに必要になるのが、報酬の配分などをあらかじめ決めて明文化した「契約書」です。

契約書というのは、聞いたことはあっても実際に取り交わしたことはない、という人が大半かもしれません。

ですので、ここでは世界一簡単な契約書の作り方をご紹介したいと思います。

契約書とは、複数人の意思の合致を明文化したものです。これは、自分自身を守るだけでなく、相手方を守るためにも作成するものです。

日本では契約書というと堅苦しく思い、必要なものと認識している人が少ないかもしれませんが、海外では非常に一般的なものです。

世界中で成功しているユダヤ人は、どんなことでも契約書を交わすそうです。例えば、夫婦間においても、結婚したら月に一度はデートをするとか、浮気したら離婚するといったようなことを盛り込むそうです。

夫婦間で契約書と聞くと、なんて色気のない話だと思うかもしれませんが、これは自分と相手の気持ちを守るためには、なかなか有効な手段だと思います。

愛し合う二人が、生涯こうしていきたい、こんなふうに生活したいという理想を約束という形で交わし、そのルールをお互いに課すことで、逆に揉め事が起きにくく、お互いの意思を尊重し合えるようになるわけです。

繰り返しになりますが、契約書というものは、自分のためだけでなく、相手を守るためにつくるものなのです。

それでは、契約書の作り方について説明します。

契約書を作る上で、一番大事なのは、テーブルの上にお互いの条件を1つ残らず出して、それを盛り込むことです。条件や要望などを「後出し」するから揉めるのであって、あらかじめ条件や要望はすべてはっきりさせておかなければなりません。

ただし、もちろんビジネスですから、業務委託契約書などの場合、事前にはどうしてもわからない、やってみないとわからないようなこともたくさんありますので、その場合は3ヶ月間だけの契約書を作って、3ヶ月後にもう一度話し合って作り直しましょうという文言を加えておくことをオススメします。

仮に契約の相手方が、あなたよりも立場が上で、権力もあるというような場合でも、臆せずに自分の希望条件や要望などは、全部出してください。そうでないと、揉め事の元になります。

お互いの条件や要望を全部出し尽くしたら、それで終わりというわけではありません。契約書は、「第三者が見ても、内容がすぐに理解できる文章にする」ことが必要です。

なぜなら、最初から第三者が読んでもわかる文章で書いておかないと、法的に争うことになったときに、相手方の弁護士が言葉のあやを見つけて、そこを利用して攻めてくるかもしれないからです。

将来の揉め事をなくすためにも、第三者にもわかる文章で作成してください。

一番簡単なのは、弁護士さんに作成してもらうことです。もちろん、弁護士さんに作成してもらわなくても、両者が納得した内容を文章にしてお互いが印鑑を押せば、契約書としては成立します。

ただし、将来の揉め事を回避するために、やはり弁護士さんに作ってもらうことをオススメします。弁護士さんも、1件当たりいくらとか、時間給とか、報酬のシステムがそれぞれ違いますが、それほど高い料金はかからないはずですので、相手方とよく相談して決めてください。

ただし、最初に説明したように、条件や要望はすべてテーブルの上に出して、全部盛り込むようにすることです。

第7章

リピートしたくなる消費者心理

世の中で一番売れた言葉とは？

ビジネスを拡大していく上で重要なのが「リピート率」です。あなたの商品やサービスを、1人の人がどれだけ繰り返し購入してくれるのかで、あなたの売上は天と地ほども変わってきますので、いかにリピートしてもらえるようにするかについては、すべての経営者が頭を悩ませているところなのです。

この章では、お客様にリピートしていただくためにはどのように考えればいいのかについて、お話ししたいと思います。

ところで、世の中で一番売上を上げた言葉は何かご存じですか？

それは、「追加でお飲み物もいかがでしょうか？」なんだそうです。レストランに行くと、たいてい聞かれますよね。この一言があるだけで、地球上の飲食店の売上がものすごく上がっているわけです。あなたも、追加で飲み物を注文したことが何度となくあるのではないでしょうか？

さて、今回は、この「追加で」という部分にフォーカスを当てたいと思います。追加でと言われると、なぜ人間は注文してしまうのか？

追加で売る方法というのは、マーケティング業界では大きく分けて4つあると言われています。それが、

- **アップセル**
- **ダウンセル**
- **クロスセル**
- **パッケージセル**

の4つです。1つ1つ説明していきます。

まず、1つ目のアップセルとは、お客様が今買おうとしているもののさらに上位、さらに高額な商品を提案する売り方のこと。

例えば、15インチのパソコンを買いに来たお客様の要望を聞いているうちに、その

方の用途なら20インチのパソコンにしたほうがいいですよとか、あるいはディスプレイは小さくしてCPUを高性能にしたほうがいいですよとか、本来お客様が買おうとしていたものよりも「アップグレード」したものを勧めるわけです。

これは、もちろんお客様の要望に合わせて提案しているわけですから、無理矢理高いものを勧めているのとは違います。要望を聞いて、その要望に本当に合ったものは、もう少し高いものですよ、というふうに上手に誘導する。これをアップセルといいます。

ですので、皆さんも、ハイプライスな上位商品を用意しておいて、お客様の要望によってはそちらにアップセルするという道を用意しておくといいでしょう。

2つ目のダウンセルは、アップセルの反対で、お客様の要望を聞いているうちに、予算の範囲内ではある商品が買えないなとなった場合に、もっと価格の安い商品を勧める方法です。

日本人はよく、商品に「松竹梅」という格付けをしますが、一番高額の松と、真ん中の竹、一番安い梅があれば、ほとんどの日本人は迷わずに竹を選ぶそうです。しかし、富裕層の方は迷わず松を選びますし、予算的に厳しい方は梅を選びます。ですから、あなたも商品やサービスを考えるときに、松竹梅と少なくとも3段階のプライス設定で用意しておくと、アップセル、ダウンセル、どちらの売り方もできるようになります。

3つ目のクロスセルは、商品を買うと決まったお客様に対して、その関連商品を勧める売り方です。

例えば、スマホを購入したお客様に、スマホの画面を保護するフィルムやスマホカバー、スマホケースといった付属品を同時に勧めて買ってもらう。これが、クロスセルです。

写真業界だったら、写真を撮ってもらうだけでなく、記念にアルバムを一緒に発注しませんかとか、半年以内にまた利用していただければ、こんな特典がついてきますよとか、そういった売り方ができます。

4つ目のパッケージセルは、ある商品を売るときに、それに関連した商品を元々「ひ

追加で商品を買ってもらう方法

● アップセル

お客様が今買おうとしているもののさらに上位、さらに高額な商品を提案する売り方

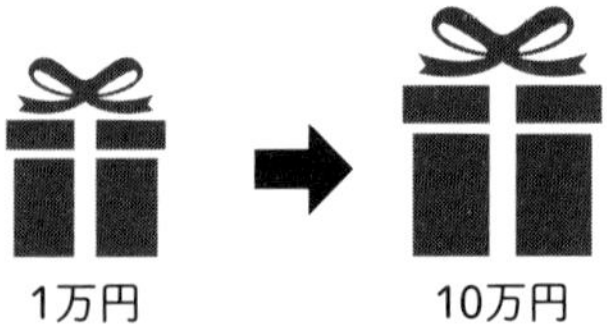

● ダウンセル

アップセルの反対で、お客様の要望を聞いているうちに、予算の範囲内ではある商品が買えないとなった場合に、もっと価格の安い商品を勧める方法

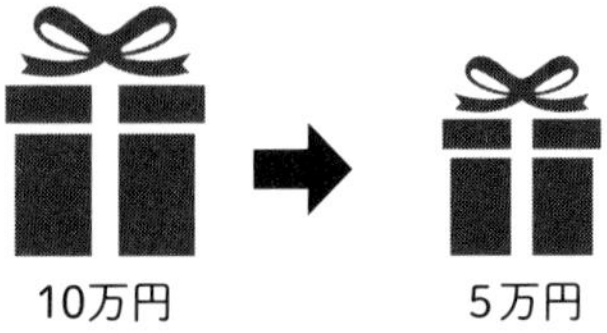

● クロスセル

商品を買うと決まったお客様に対して、その関連商品を勧める売り方

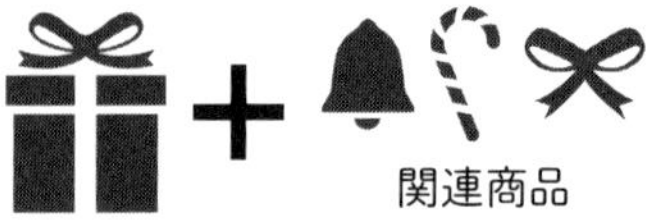

● パッケージセル

ある商品を売るときに、それに関連した商品を「ひとまとめ」にして売るという方法

とまとめ」にして売るという方法。

例えば、マクドナルドのハッピーセットなんかはまさにパッケージセルですし、何かの道具をセットで売るとか、カメラとレンズと合わせてこのお値段です、といった売り方のことです。最初からセットでまとめて買っていただくほうがお得ですよ、という勧め方をするのがパッケージセルです。

さて、というわけで、あなたの商品を「追加で」あるいは「リピートして」さらに買ってもらうための代表的な売り方を4つ紹介しました。今のあなたの商品やサービスは、このいずれの売り方にも対応できるでしょうか？

できないなら、できるように商品を考え直してください。私は以前、アマゾンにお店を出していた時期があったのですが、そのときは輸入したものを売っており、競合に同じ商品を安く売られてしまったら、勝てないと思っていました。

しかし、自社のオリジナル商品を用意して、パッケージセルをすることで唯一無二の商品になるということに気づいたのです。このように、売り方1つで、競合との差もつけられるわけです。

アップセル、ダウンセル、クロスセル、パッケージセル、いずれの売り方にも対応できるよう、ご自分の商品やサービスをアレンジしてみてください。

0・1秒で売れる商品名

リピート率や追加購入率を上げるためには、商品の名前も重要です。

お客様が商品を購入する際に絶対に目にするのが商品名ですから、この商品名のクオリティをアップするだけでも、売れ行きだけでなくリピート率や追加購入率もだいぶ変わってきます。

皆さんにはまだ想像できないかもしれませんが、素晴らしい商品名を考えつくことができれば、たったの0・1秒見ただけで、お客様に購入を決めていただけることも可能です。それくらいキャッチーで、即売上に繋がる商品名とは、どんな条件を満たしているものなのでしょうか?

ここでは、0・1秒で売れる商品名の作り方をご紹介します。

まず1つ目の条件は、「明確に特定のお客様（ターゲット）に向けて作られた名前である」こと。

これも以前お話ししたことですが、ビジネスをやる上では、ターゲットはできるだけ絞ったほうがいいわけです。その理由についてはすでにお話ししたので割愛しますが、商品名についてもターゲットを絞ることはとても大事です。全く絞らずに作られた商品名では、どの層のお客様にもピンと来ずに終わってしまいますが、「ここ！」というポイントに絞って作られた商品名は、見た瞬間とっさに反応してもらえます。

そして、ターゲットを絞ったら、次は、お客様の問題解決をするための商品・サービスであることも盛り込みましょう。

何度も何度も口を酸っぱくして言っていますが、ビジネスはお客様の問題を解決するものでなければなりません。あなたにこんなスキルがあるからとか、あなたがこんなことがしたいからという理由でビジネスをやっても、そのビジネスがお客様の問題を解決できないなら、売上は上がりません。

ですから、商品名を考えるときも、まずお客様を絞り、「こういったお客様の、こういった問題を解決します！」というところが、パッと見た瞬間にはっきりとわかるような商品名にすることがとても重要になります。

ちなみに、会社名はそれほど重要ではありません。例えば、誰もが知っているグーグルの親会社の名前を知っていますか？

あの会社は実はアルファベットという会社なのですが、ほとんどの方は知らないと思います。ユニクロだって、親会社の会社名はファーストリテイリングですが、社名がすぐに出てくる人は少ないのではないかと思います。ですから、まずは商品名にこだわって作っていただきたいなと思います。

それから、商品名をどうしても「かっこいい名前」にしたい、という人がたまにおられますが、かっこよくても先ほどの条件を満たしていないのなら意味がないということを覚えておいてください。かっこいいだけでは、人はあなたの商品やサービスを買ってはくれないのです。かっこいい名前の商品名をつけるのは、あなたの商品や会社のブランディングが十分にできてからにしてください。それならさほど問題ないと思います。


2つ目の条件は、「シンプルな商品名である」こと。

とにかくシンプルな商品名が正解です。複雑な名前よりもシンプルなほうが断然お客様に覚えてもらえますし、お客様の気持ちを瞬時に掴むことができます。

1つ目の条件を盛り込んでいても、複雑で長ったらしい名前だと、お客様は覚えられませんし、覚えられないということは、口コミも広がっていかないということになります。

ですから、できるだけ「言いやすくて」「覚えやすい」名前にすることです。

3つ目の条件は、「競合他社にすでに使われている名前ではないかを確認する」こと。

まずは、ネットで検索してすでに使われていないかを確かめ、特許庁などで問い合わせれば詳しく調べることもできますので、ぜひ行ってください。せっかくいい名前を思いついても、すでに誰かに使われていたら意味がありません。

商品名という点でいえば、私がサブスクで行なっている動画コンテンツの「集客の天才オンライン」という名前は、実は、テリー伊藤さんがオープンした唐揚げ屋さんの名前にインスパイアされてつけたものです。テリー伊藤さんの唐揚げ屋さんが「から揚げの天才」という店名であるということを知って、これはいい名前だと思ってつ

0.1秒で売れる商品名の3つの条件

① 明確に特定のお客様（ターゲット）に向けて作られた名前であること

② シンプルな商品名であること

③ 競合他社にすでに使われている名前ではないかを確認すること

まさに私の問題を解決してくれるネーミングだ！

けました。

テリー伊藤さんといえば、コピーライターとしてもとても優秀な方ですから、「から揚げの天才」と聞いたときに、「さすが！」と思いました。

集客の天才という名前のいいところは、「ここで学べば集客の天才になれるんだ」ということと、もちろん集客の勉強ができるのだということが見て瞬時にわかるところです。「●●の天才」というネーミングはインパクトもありますし、秀逸だと思います。

さて、いかがでしたか？

あなたの商品やサービスは、ここでご紹介した3つの条件を満たしていますか？

満たしていないようでしたら、今すぐ3

つの条件を満たす名前を考えてみましょう。

コピーライティングの基礎24〜前編〜

お客様のリピート率を高めるだけでなく、最初の購入を促すのに「コピー」が決定的な要因を果たすことは、よくあります。

コピーライティングを極めれば、言葉だけでどんな商品でも、何回でも売れるようになります。

これが、決して言いすぎではないことは、ビジネス経験者なら誰もがわかっているはずです。

世の中で売れている商品のほとんどは、ＣＭとかチラシに含まれている「言葉」でお客様を引きつけ、売っています。まさに、言葉のマジックです。

マーケティング業界では、コピーライティングを極めれば、マーケティングを極めるとまで言われているほどです。

しかし、コピーライティングなんてやったことないから、どう書けばいいのかさっぱりわからないという方もたくさんおられます。

ここでは、「コピーライティングの基礎24」と題して、コピーを作る際に気をつければたちまちクオリティが上がる24のポイントを徹底解説します。

さて、それではコピーを作る際に押さえて欲しい24のポイントをお教えしましょう。

まず1つ目は、「唯一無二のものにする」。

これはコピーだけの話ではなくて、商品そのもののあり方にも関わってくる話ですが、その商品が「日本初」「業界で唯一」など、他では売ってないものなのだということをアピールするようにします。ここでしか買えないんだということが伝われば、それが強烈な「買う理由」となって、お客様の心に響くわけです。

2つ目のポイントは、「希少性」。

これは、以前にもお話ししたので詳しくは説明しませんが、消費者というものは、私たち全員、希少なものにとても弱いんです。「期間限定」「個数限定」「限定未公開情報」などなど。そう聞くと、本能的に「欲しい！」と反応してしまうものなのです。

ですから、コピーライティングにも、希少性を盛り込むようにしましょう。

ただし、その希少性の「納得できる理由」も明記する必要があります。何の理由もなく希少性だけ演出している場合、お客様はそれに気づきます。逆に、なるほどと納得できる希少性なら、お客様の心は強烈にそそられることになります。

3つ目のポイントは、「特典」。

特典とは、実際の商品よりも価値のあるものを無料で提供するものです。ちょっとしたおまけ程度では、お客様ははっきり言って全くと言っていいほど興味を持ってくれません。

しかし、むしろ商品よりも特典のほうが欲しくなってしまうぐらいの特典だったら、どうでしょうか？

売れまくるのは間違いないでしょう。ただし、特典に原価をかけすぎると、利益が下がってしまうので、普段は有料だけれども期間限定で特典をつけますとか、いろいろと工夫をする必要があります。特典についても、コピーに盛り込んでください。

4つ目のポイントは、「敵は誰なのか」。

突然敵とは物騒だなと思うかもしれませんが、これはあなたの競争相手、競合他社のことです。敵がどんな商品をどんなふうに売っているのかを勉強してください。
そして、それに対するカウンターパンチを食らわせるようなコピー、といっても明らかに敵視しているような文章にする必要はありませんが、敵が何をしているのかを知ることによって、こちらの独自性を引き出しやすくなります。
敵を理解し、彼らと一線を画する独自性を盛り込みましょう。

5つ目のポイントは、「買う理由」。

これは、希少性のところの内容と少しかぶりますが、「お客様がなぜこの商品を買う必要があるのか？」という理由の部分を明確にして、それをコピーに盛り込みましょう。
例えば、新型コロナの影響でこれだけ在庫が余っているので、お得ですよとか。新型コロナのせいでこういった商品の需要が高まっていますよね、などの理由です。その理由に納得できれば、お客様はその商品に心引かれます。

6つ目のポイントは、「なぜ今なのか」。

なぜ、「今」、この商品を購入しなければならないのかを、できれば盛り込むようにしてください。
例えば、ある商品に心引かれたお客様がいるとしましょう。そのお客様は、欲しいなと思いつつも、「でも今じゃなくていいか」と後回しにするかもしれません。ですから、今買わなければならない理由も含めてコピーにすることで、売上を促進することができます。

7つ目のポイントは、「見過ごすことは愚かである」。

これはどういう意味かというと、言い方としてはちょっとトゲがありますが、この機会を逃すことは愚かなことですよ、バカをみることなのですと言えるくらい自信のある商品だということをアピールするということです。

つまり、これを今買わないなんて、もったいなさすぎて、愚かなことなのですよ、と思わせるわけです。

ただし、もちろん嘘をついてはいけません。すべて真実の情報で構成されていなければ、むしろ印象が悪くなります。

8つ目のポイントは、「権威」。

これも以前お話ししたことがある内容ですが、人は権威に弱いものですから、あなたの商品やサービスに権威付けをすると、お客様はそれだけで信用してくれることがあります。

例えば、私が最近買いたいなと思った本のコピーが、「スティーブ・ジョブズのお葬式で配られた本」というものでした。

ヨガや瞑想に関する本だったんですが、何とも上手いコピーだと思います。まず、ジョブズの名前が権威となって、「あのジョブズのお葬式で！」という驚きを与えられ、ジョブズのことを尊敬している人なら間違いなくその本に手が伸びるでしょう。

コピーライティングの基礎24〜中編〜

引き続き、「コピーライティングの基礎24」のポイントを1つ1つ見ていきましょう。

9つ目のポイントは「ストーリーを語る」。

これも以前お話ししたことがある内容ですね。

今は、モノを売る時代ではなく、物語（ストーリー）を売る時代です。例えば、この商品が生まれるまでにはこんな話があって、いかに愛着のあるプロダクトであるかを語るとか、自分自身のこれまでのストーリーを盛り込むとか……。そういった物語に人々は引かれる時代になってきています。

10番目のポイントは、「欠点を認め、真実を語る」。

パーフェクトな商品というのは、この世に存在していません。にもかかわらず、さもパーフェクトであるかのように売り込もうとすると、そういう見栄はすぐにお客様にバレます。

ですから、ちゃんと欠点もさらけ出して、真実を語るほうが、お客様から結果的には信頼されるようになるのです。この商品にはこういう欠点があるけれども、でもこういう魅力もあるんですという伝え方ですね。

11番目のポイントは、「お客様の声」。

これも何度も繰り返し言っていることですが、お客様からの声をコピーにも盛り込んでください。なぜなら、実際に使っているお客様の声ほど、その商品への信頼をもたらしてくれるものはないからです。

12番目のポイントは、「具体性」。

お客様にとって不明確な部分がないかどうかをよく確認して、お客様が疑問に思うであろうことをあらかじめリストアップしておき、お客様の不安をすべて排除しておくと、購買意欲を後押ししてくれます。

よく、「よくある質問」コーナーをサイトに用意している企業がありますが、そういうコーナーを設けなければならないということは、それだけ商品説明に不明確な部分があったということです。

これから購入しようとしている人が、疑問に思ったり不安に思ったりする点を、コピーの時点で払拭してあげるつもりで書いてください。

13番目のポイントは、「お客様の反論に先に答える」。

これは12番目のポイントと関連があることですが、お客様は、文章を読んでいると「いやいや、そうは言ってもこういう欠点があるんでしょ?」などと心の中で反論しているものです。あなたが最新の電子機器を売っているとして、機械音痴のお客様は、「そうはいっても機械音痴の私には使いこなせないんでしょ?」と心の中で思いながらコピーを読んでいるわけです。

そのお客様の反論や反応に、コピーの時点で答えてしまうわけです。「機械音痴のあなたでも、絶対に使えます!」といった具合に。そうすると、「え、そうなんだ!」

とお客様も好意的な反応をしてくれます。

14番目のポイントは、「お客様に頷《うなず》かせる」。

お客様に、頷いてもらうようなコピーを書くと、共感を呼び覚まして、商品への好意的な気持ちが芽生えやすいものです。

例えば、「今の子どもたちがサラリーマンになりたいと思いますか？　違いますよね？」と言えば、ほとんどの方は、「うんうん、そうだよね」と頷いてくれます。その後に、お子さんの将来のための教材の話をしたりすると、「確かに」と納得しながら話を聞いてくれるようになります。

ですから、最初の糸口として、お客様に頷かせるような質問を発するというのも、非常に有効な心理テクニックなのです。

15番目のポイントは、「好奇心を煽る」。

iPhoneが爆発的にヒットする理由の1つが、この好奇心を煽るスタイルです。発売前に、新型iPhoneの情報を小出しにして好奇心を煽り続けることで、発売日にはとんでもない行列が生まれるわけです。

ですから、好奇心を煽るような仕掛けを、コピーにも盛り込むようにしましょう。

例えば、未公開情報を出すとか、発売前にあなただけにお得な情報をお知らせします、とかですね。

16番目のポイントは、「最初に何をあげるか？」。

お客様に魅力的なプレゼントをあげましょう、それも最初にです。

プレゼントというのは、たいてい購入後に特典として差し上げるものですが、最後だけでなく最初にもプレゼントするという方法があります。

例えば、このメールアドレスに登録してくれたら何をプレゼントしますとか、ラーメン屋でも今この場でＬＩＮＥアカウントに登録してくれた方にはチャーシュー1枚プレゼントなんていうサービスも実際にあります。

最初にプレゼントをして、最後にもプレゼントを用意する。そうすると、人はこんなにいただいているのだから、何か買ってあげよう、と思うようになるものなのです。

コピーライティングの基礎24〜後編〜

さて、「コピーライティングの基礎24」のポイントの16番目までを見てきましたが、いかがでしょうか？

ここまで読んだ方は、「これらのポイントを全部盛り込まないといけないの？」と不安に思っているかもしれませんが、24のポイントすべてを盛り込む必要はありません。ただし、できる限り盛り込んでください。最後に、あと8つ、説明したいと思います。

17番目のポイントは、「より大きな存在と比較する」。

これはどういうことかというと、あなたの商品やサービスを、他のあなたよりももっと有名な存在と比較して語ってくださいということです。

例えば、「あの池上彰を超えたわかりやすさ」とかですね。数百名にアンケートを採った結果、池上彰さんの本よりもわかりやすいという好評をいただきました、というふうにアピールするわけです。ただ、これも嘘は絶対にダメで、確たるデータを集めて、真実を語るようにしましょう。また、その商品が本当に良いものであるというのが大前提です。
『鬼滅の刃』という漫画は、2019年にあの『ONE PIECE』を売上高で超えたそうです。「あのONE PIECEを超えた」という表現は、まさにこのより大きな存在と比較すると同じです。この言葉で興味を持って『鬼滅』を読んだり見たりした人は、大勢います。

18番目のポイントは、「一貫性」。

言葉の表現、句読点、世界観などに一貫性を持たせるようにしましょう。
例えば、コピーの最初のほうでは「僕」と書いていたのに、途中から「ボク」になるだけで、読んでいる人は違和感を覚えます。こういう細かいディテールは、実はすごく重要なんです。また、一貫性という点では、コピーやCMをシリーズ化するというのも、人の興味を引きます。
「今度はどういうCMなんだろう?」と続きをワクワクして待ってくれるお客様が出てきます。

19番目のポイントは、「十二分に短い一言」。

本の目次に書かれてある短いフレーズで興味をそそられたことって誰しもあると思います。CMに使われている、たった一言に心を鷲掴みにされたという人も多いでしょう。

このように、コピーというのは、洗練された短い一言が、心に突き刺さるようなことがあります。効果的な短い一言を思いつくことができれば、それはあなたのコピーライティングの核にできるでしょう。

短い一言だけでコピーを構成しなさいと言っているわけではなくて、長い文章のタイトルなどに、短く、インパクトのあるフレーズを考えて使ってみましょう。

20番目のポイントは、「今注文するとどんな喜びがあるか」。

お客様は忙しいので、あなたの商品に興味を引かれたとしてもすぐに買ってくれるとは限りません。後回しにして、そのまま忘れてしまうことだってあり得ます。

ですから、「今買うとどんないいことがあるか」を明確にコピーに盛り込んでください。

21番目のポイントは、「新しい生活を視覚化する」。

これも何度も説明していることですが、お客様は、あなたの商品の仕様に引かれて購入するのではなく、自分の人生がどのように変わるのかを期待して購入しています。
ですから、その商品やサービスを購入したら、購入者の人生がどう変化するかを視覚化して伝えると、お客様の心にストレートに響いていきます。

22番目のポイントは、「最初のいくつかの言葉で引きつける」。

最初にインパクトかつ謎めいた言葉を持ってくると、お客様は「え、なにそれ？」と引きつけられて、続きを読みたくなります。

その後で、種明かしをすると、「なるほど、そういうことか」と納得していただいて、そうなってしまえば、もうこちらの商品にかなり興味を持っていただいている状態になるはずです。

例えば「閲覧注意」「勇気のない人はこれ以上読まないでください」といった言葉が、これに当たります。ただし、人を引きつけるためにただそういった言葉を理由なく使ってしまうと、逆に反感を買ってしまいますので、お客様が納得する理由もきちんと用意してください。

23番目のポイントは、「タイトル命」。

本屋さんにあまた置いてある本の中から1冊を選ぶとき、ほとんどの方はタイトルを見て、興味を持ち、手に取っているはずです。

ですから、タイトルというのはとても大事で、タイトルの出来が悪いだけであなたのコピーは全文読んでもらえません。タイトルをおろそかにはしないでください。

24番目のポイントは、「読み手に先を読ませるように変化をつける」。

長いコピーや、シリーズ物のコピーの場合、読み手が途中で飽きてしまったら元も子もありませんから、続きを読みたくなるような仕掛けを作る必要があります。「最後まで読んだら、こうなりますよ」とか、「次回の広告でお伝えします」といったやり方ですね。


いかがでしたか。

この24のポイントをできるだけ多く押さえたコピーを作ったら、自分の商品を物語るランディングページを作っていただきたいと思います。これを作るだけでも、売れ行きはかなり変わってきます。騙されたと思ってぜひやってみてください。

もしも私が遊園地を経営するならば

思わずリピートしたくなる消費者の心理を勉強するときに、「もし自分が遊園地の経営者だったらどうしたらいいのか」という想像をしてみると、かなり有意義な気づきが得られると思います。

なぜなら、あなたのビジネスを、遊園地に置き換えて考えてみるだけで、あなたのビジネスが抱えている改善点が一気に見えてくるからです。

それでは、私がもし遊園地を経営するなら、どうするか。「こんな遊園地は嫌だ」「こんな遊園地に行きたい」という2つの観点から、述べていきます。

まず、1つ目のこんな遊園地は嫌だという例は、「ガラガラの遊園地」。

ガラガラの遊園地なんて誰も行きたくありませんよね。ガラガラということは、人気がないということで、アトラクションだって楽しくないんだろうなぁということが想像できてしまいます。

「最近あそこガラガラらしいよ」なんて噂が立てば、そういうイメージが定着してなおさらガラガラになってしまいます。

ですから、あの店は混んでいるんだというイメージをどう演出するかというのが大事になってくるわけです。

2つ目のこんな遊園地は嫌だという例は、「営業熱心すぎる遊園地」。

あまりにも営業熱心に、勧誘してくる遊園地は嫌ですよね。例えば記念写真なんかも、呼び止められたりして「1枚どうですか、安いですよ」なんて言われると興ざめです。洋服屋さんなんかでも、興味のない服を延々と勧められたら「もう二度と来たくない」となってしまいますから、営業熱心すぎるというのは考えものです。

3つ目のこんな遊園地は嫌だという例は、「古い遊園地」。

古くて、どのアトクラクションも時代遅れでリニューアルされていない遊園地には行きたくありません。レトロな感じが魅力になっているならいいですが、ただ古いだけでは、顧客満足度は上がりません。新しいものに適切に予算をかけられれば客足は絶えなくなります。

4つ目のこんな遊園地は嫌だという例は、「愛のない遊園地」。
来園者に対する愛のない遊園地、つまりホスピタリティのない遊園地には行きたくありません。子どもが怪我をしたら、「大丈夫ですか」の声かけだけで済ますのか、それとも救急隊まで呼んでくれるのか。その辺りに、お客様への愛が現れてくると思います。ホスピタリティを持ってお客様に最高の幸せを提供する姿勢を持っているかどうかが、顧客満足度を左右します。

5つ目のこんな遊園地は嫌だという例は、「顧客導線がおかしい遊園地」。
顧客導線の話は以前たっぷりしましたので、もう皆さんおわかりだと思います。顧客導線がおかしい遊園地にいくと、ストレスフルでしかありません。そして、これは遊園地だけでなくお店や、あなたのサイトも同じですよ、ということです。

それでは、次に「こんな遊園地に行きたい」を見ていきましょう。

1つ目のこんな遊園地に行きたい例は、「老若男女楽しめる遊園地」。
メインは子どもたちだけども、子どもたちを連れていく大人たちも楽しめる遊園地ならいいですよね。老若男女が楽しめるエンターテインメントが用意されている。例えば、鉄板焼き屋さんでも、シェフが鉄板と食材を使って人目を引くパフォーマンスをするところがありますよね。

ああいったショーを見ているような感覚を味わってもらうことは、ビジネスにおいてもリピート率を上げるのにとても重要です。

2つ目のこんな遊園地に行きたい例は、「クロスセルが充実している遊園地」。

つまり、グッズやレストランが充実していて魅力的な遊園地ということですね。ただアトラクションを楽しむだけでなく、他のお金の使い道も充実しているとお客様は、そこに行くプラスαの理由を見いだせるので、足繁くリピートしてくれやすくなります。

例えば、スーパー銭湯なんかでも、ご飯がすごく美味しいところが増えてきていて、お風呂に入る以外にご飯が食べたいという動機で足を運ぶ人もいたりします。そういうクロスセルが充実しているビジネスは、リピート率を高めてくれるのです。

3つ目のこんな遊園地に行きたい例は、「遊び心のある遊園地」。

ディズニーランドでは、いろいろなところに隠れミッキーがいて、それを見つけるだけで楽しい、という遊び心のある仕掛けが施されているわけです。

こういう仕掛けがあると、たった1回の来園では物足りなくなり、さらに足を運びたいという気持ちを芽生えさせられます。

例えば、JALでは特定のバッジをつけている職員に話しかけると、iPhoneのアプリ上にスタンプを送ってくれるという仕掛けがあるのですが、そういう遊び心をくすぐる仕掛けがあるとJALにまた乗ってみたくなります。

4つ目のこんな遊園地に行きたい例は、「1回では時間が足りない遊園地」。

前の項目と似ているのですが、1回行っただけではとてもじゃないけれど時間が足りないくらいアトラクションが充実していると、また来たくなりますよね。

1回行っただけでお腹いっぱいになってしまうと、「もうあと5年は来なくていいな」と逆に足が遠のいてしまいますから、1回では飽きさせないというのがとても大事です。

5つ目のこんな遊園地に行きたい例は、「物語がそこにある遊園地」。

これも何度もお話ししているので説明は手短にしますが、遊園地ができるまでのストーリーや歴史だったり、あるいはキャラクターのストーリーや歴史といったものがわかるようになっていると、人は奥深さを感じたり、あるいはその遊園地を作った人の気持ちが伝わったりして、愛着を覚えるのです。

さて、私が経営者だったらこんな遊園地にするというお話でしたが、いかがでしたか。ここで語ったことは、すべてのビジネスにも適用できる、とても大事な要素ですので、自分のビジネスも遊園地に置き換えてみると、現在何が足りないか、何に問題があるのかがよくわかるようになると思います。

世界中のあらゆる企業が導入しているサブスクについて

消費者のリピート率を上げるための工夫の1つに、現在世界中のあらゆる企業が導入している「サブスク」があります。

何のことかわからない方もいると思いますので、もう少し詳しく説明しますと、例えばアップルミュージックというサブスクですと、月額固定の金額で音楽が何曲でも聴けるようになる他、アマゾンプライムというサブスクに入ると、アマゾンの配送料が一定の条件を満たすと無料になるだけでなく、プライムビデオに登録されている映画、テレビ番組、ドラマなどを見放題になります。

最近ではディズニーもディズニーの放送だけをするサービスを始めており、映画・ドラマではネットフリックスやフールーも有名です。

このように、月額定額の料金を払えば、ある程度自由にそのサービスや商品を使えたり、楽しめたりするもののことをサブスクといいます。

今や、サブスクが世界を席巻しているといっても過言ではない状況で、ネットフリックスについていえば、2021年の時点で登録者2億760万人を突破しているそうです。平均単価は知りませんが、月々最も安いコースで990円くらいですから、単純計算で毎月滞りなく2000億円以上の売上を上げていることになります。これが毎月の売上なのです。とんでもないビジネスが今、主流になってきているわけです。

それでは、2000億円の売上を上げるのに、相当なコストをかけているのかというと、そうでもありません。ネットフリックスは自社オリジナルの作品も制作していますが、基本的に大半の映画やドラマの制作は別の会社がやっていて、それをいつでも見られるよう放映権を買って公開しているだけですので、ネットフリックスがかけなければならないコストは売上に対して考えれば、かなり小さいわけです。

しかし、既存の作品を公開しているだけなら、フールーやアマゾンプライムのような他の映像サブスクサービスと差別化が図れませんので、オリジナル作品を作って付加価値をつける必要があります。仮に、売上の20パーセントを制作費に回せば、300億円を毎月映画・ドラマ制作に使えます。

それでオリジナル・シリーズを作って毎月配信し続けられるわけです。それがヒットすればさらに売上が増えて、さらにオリジナル作品を創ることができて……と、素晴らしい循環で回っていくことになります。

このサブスクリプションサービスは、今やとんでもない勢いで伸びているビジネスで、世界中の銀行や投資家たちが企業にお金を貸すときに絶対にする質問が「御社ではサブスクはやっていますか？」だそうです。

それくらいサブスクをやっているかどうかが、現代のビジネスの結果を左右する重要なファクターになっているわけです。サブスクをやっている企業とやっていない企業では、その企業を買収するときの価値が3倍も違ってしまうことがあると言われています。

サブスクといえば、映像や音楽のことをイメージする人が多いですが、今やサブスクはそれだけに留まりません。

トヨタでも、車はもう所有する時代じゃなくてサブスクの時代ということで、月額定額制で車乗り放題サービスを開始しています。ですから、サブスクというアイデアは、これからのビジネスを考える上で、避けては通れないものですので、皆さんもサブスクが導入できないかどうか、真剣に考えたほうがいいと思います。


とはいっても、これまでご紹介してきたサブスクサービスは規模が大きすぎてあまり参考にならないかもしれませんので、もっと規模の小さなサブスクについても紹介したいと思います。最近話題のオンラインサロン。これも、サブスクの一種です。自分のファンが増えれば増えるほど、その人たちに月額定額制で情報を発信するだけで、かなりの売上を上げられます。

また、最近ではサブスクの居酒屋もあるそうです。月額定額制の居酒屋ですね。定額を支払ったら月に何度でも飲み放題ができるみたいなサービスです。また、サブスクのチョコレートなんていうのもあるようです。月額定額制で、毎月世界中の美味しいチョコレート詰め合わせが送られてくるそうです。

チョコレートを世界中から安く仕入れて、それをチョイスして詰め合わせを作って、お客様に送っているわけですね。1500円で仕入れたものを3000円で売れば、送料や梱包代を引いても1000円くらいが純利益になるでしょうし、もっと仕入れを安くできれば純利益も増やせます。こういったサービスなら手軽に始められると思います。

また、気軽にサブスクを開始するための環境として、支払いシステムが必要になってきます。毎月定額で支払ってもらうためには現金で手渡しというわけにはいきません。そこでオススメなのがペイパルです。手数料はかかるものの、誰でも簡単にアカウントが作れますし、ビジネスに導入するのも3週間くらいの審査で可能です。売上の何パーセントかが手数料として取られるだけで、固定費がかからないのが魅力です。入会金もかかりませんし、お客様からすればクレジットカードで支払えるので非常に便利です。サブスクを始めなくても便利な決済サービスですので、今のうちに登録しておくことをオススメします。

さて、世界中を席巻中のサブスク。あなたもサブスク的な発想でビジネスを展開できるよう、今から考えておきましょう。

一発で覚えてもらえる自己紹介の仕方

お客様にリピートしてもらいたければ、お客様があなたのことをはっきりと記憶にとどめ、しかも時々思い出してもらえないといけません。

つまり、それくらい強烈な印象を与えることが大切で、印象を与える機会として重視しなければならないのが、「自己紹介」です。

ここでは、一発であなたのことを覚えてもらうには、どんな自己紹介をすればいいのかについて説明したいと思います。

人間の脳というのは、悲しいかな、いろいろなことをどんどん忘れてしまいます。しかし、その中でも自分にメリットのある事柄は、覚えやすく忘れにくいそうです。

ですから、そこから逆算していくことで、一発で覚えてもらう自己紹介ができるようになります。

一発で覚えてもらう自己紹介のコツは、まず名前、職業を言った後に、自分がやっていることを3つ伝えることです。

私の例を挙げますと、「小椋翔、通称オグショウです。普段は経営コンサルタントをしております。私のやっていることは1つ目、カメラマン養成所。2つ目、マーケッター。3つ目、経営コンサルタントです」こんな感じになります。

3つも職業ないよという方でも、例えば「3児の父です」とか、「趣味で釣りをやっております」とかでも構いません。

とにかく、ビジネスにつながりそうな、もしかしたらその人のメリットになりそうな要素なら何でもいいので3つ挙げてください。そういうことをする人は少ないので、自分の属性を3つ述べるだけでも、聞き手の印象に残ります。

そして、自己紹介の最後に、「1．カメラマン養成所といえばオグショウ、2．マーケッターといえばオグショウ、3．経営コンサルタントといえばオグショウと覚えて帰ってください」と伝えると、なお印象に残りやすくなります。

こんな自己紹介をしたことありますか？

覚えて帰ってくださいということは、「あなたの役に立ちます！」と宣言しているのと同じですから、聞き手は「この人は私のために何かしてくれる可能性があるんだ」と思います。

そして、最後に魔法の言葉を付け加えます。「あなたのために何かできることが私にありませんか？」と問いかけます。

すると、言われた方は、この人が私のために何かしてくれることってあるだろうか、と脳が回転し始めるわけです。

そのときは特に何のビジネスに繋がらなくても、その人が本当に覚えていてくれれば、半年後、1年後、もしかしたらもっと先にカメラの副業に興味が湧いたときに、「カメラマン養成所といえば……あの人！」と思い出してくれるかもしれないのです。

長ったらしい自己紹介をする必要はありません。3つ、あなたのしていること、あなたのアピールポイントを伝えて、「●●といえば私」「覚えて帰ってください」「私があなたのためにできることはありますか？」と伝えるだけです。

この自己紹介は、名刺にも書いてしまいましょう。名刺を渡すだけで、あなたのしていること3つ、そしてあなたがその人のために何かしてあげたいと思っているということがはっきり伝わりますから、効果的です。

ファンが続々増えるSNS投稿ノウハウ

自己紹介について説明したので、次はSNS投稿でファンを続々と増やすためのノウハウについても説明したいと思います。SNSを活用できれば、先ほどの自己紹介の何倍ものリピーターやファンがあっという間に増えてくれますので、ぜひともこのノウハウを活用していただきたいお思います。

SNSを駆使すれば、最も効果的にファン作りをすることができます。ただし、使い方を間違えれば、ファンができるどころか、むしろ離れて行ってしまい、逆効果になることだってあります。

まず、SNSを使うときに注意しなければいけないのは、SNSを単なるあなたのストレス発散のために使わないことと、友達以外のフォロワーを増やすこと、の2点です。

ストレス発散のために使っている人にファンが増えるわけありませんし、ファン＝友達という状態ではあなたの商品やサービスを買ってくれる人には限界がありますから、ファン＝他人という状態、それも大量の他人がファンになってくれないといけません。

他人があなたのSNSをフォローしてくれるのは、なぜでしょうか。あなたは、見ず知らずの他人をどうしてフォローしているのでしょうか？

それは、「あなたのためになるから」であり、「あなたにとってその人の情報が得（有益）だから」ですよね。

ですから、SNSを活用していくために一番重要なのが、他人にとってお得な情報、有益な情報を発信するということなのです。

「あなたからこれを教わって良かった！」と思ってもらえるような投稿を続けていけば、自然と見ず知らずの他人がフォロワーとして増えてきてくれます。

そして、お得な情報発信をするようになるとわかると思うのですが、お得な情報を発信し続けるためには、あらゆるジャンルを網羅しようとするのではなく、専門的になっていく必要があります。

どんどん深く、1つのことを掘り下げていくほうが、そのジャンルが好きな人からすれば有益性が増していくからです。

逆に広範なジャンルを浅く語っているアカウントは、どのジャンルの愛好者にとっても、中途半端な印象になりますから、「有益な情報を発信してくれている」とはあまり思われません。

ですので、専門家になるつもりで、情報を発信していきましょう。

専門家になって、1つのジャンルについて深く掘り下げ、網羅的に投稿を繰り返すことを「辞書型投稿」と言います。辞書を自分で作るくらいのつもりで、同じジャンルのことをどんどん発信していくわけです。

この辞書型投稿には中毒性があり、次が読みたくなって、フォローしてくれる人が次々と現れてきます。そして、これは「一貫性」のあるものに人は引かれるという条件も満たしています。加えて、専門的な知識を発信していると、人はあなたのことを「先生」というふうに捉えるようになっていきます。

ある分野の専門的な知識を持っている先生。そう思われた時点で、ブランディングがほぼ完成していると思いませんか？

そういうイメージが創り上げられていれば、商品やサービスだって自然と売れていきます。

あなたは何の専門家になり、どんな辞書型投稿を繰り返したいですか？

経営に役立つすべて無料ソフト・スマホアプリ大全集

ここでは、ビジネスのスピードを上げるためのツールとして、経営に役立つすべて無料のスマホアプリ、ソフトについてご紹介したいと思います。これまで使ったことがない人にとっては、乗り物を替えるだけでスピードが速くなるかもしれません。

まず、コミュニケーションアプリでオススメは「チャットワーク」です。

基本は無料で使え、7グループくらいまででしたら無料で作れます。メール、電話、会議、訪問など仕事で必要なコミュニケーションを効率的にビジネスチャットで行うツールで、社内外のコミュニケーション活性化、業務効率化を実現するサービスです。

私の場合は、秘書とのやり取り、業務委託先とのやり取りに使っていて、コミュニケーションを記録として残すことができ、タスク管理機能、テレビ電話機能などもあります。また、LINEだと過去の履歴を遡って調べるのが結構大変なのですが、チャットワークは検索性が高いので過去の発言を見つけるのがとても簡単にできます。

次にデザインに関するアプリ、「canva」ですね。

今やデザインを仕事にしている人が可哀想になるくらい、デザインアプリは使いやすく、素人でも簡単にそれなりのデザインができるようになってきました。

canvaを使うと、スマホをポチポチ操作しているだけで、プロ仕様のレイアウトでおしゃれなデザインを簡単に作ることができます。それも、ドラッグ&ドロップ機能を使って作るので本当に簡単で、誰にでもできます。

これで、フェイスブックやインスタグラムをはじめ、ロゴ、チラシ、サムネイル、ヘッダー、ポスターなど全部何でも作れますので、本当にデザイナーいらずの時代になったと思います。これまではデザイナーに何十万円も支払っていたコストが浮くわけですから、ビジネスの創業期にはぜひ使っていただきたいオススメのアプリです。

タスク管理のアプリは、「Microsoft ToDo」がオススメ。

マイクロソフトが作っているソフトで、どこにいるときでもタスク管理が可能なアプリです。職場でも自宅でも移動中でも予定通りに行動することをサポートしてくれます。タスクリストというのは、簡単にいえばやることリストです。このソフトの便利なところは、買いたいもののリストや、自分の考えていること、話したいと思っているネタなど、すべてこのソフトに集約して記録できることです。

そして、iPhoneからiPad、パソコンまで、1つのアカウントで管理できて、仲間にシェアすることもできます。みんなで予定などをシェアした場合は、リアルタイムに更新することができる機能もついていて、オススメです。

ホームページ、サイトを作るには「クレヨン」というアプリがオススメです。こちら、スマホアプリで簡単にホームページが作れてしまいます。パソコンでももちろん作成可能で、無料で利用できるホームページを作れます。

このクレヨンで私が気に入っているのは、パスワード式サイトが作れる点です。「集客の天才オンライン」で販売しているパスワードを持っている人だけが見られるサイトを作ることができるわけです。ですので、販売特典として会員限定サイトなどを用意することができ、しかも、スマホだけですべてできてしまうのですから文句のつけようがありません。

次に、写真の加工にはグーグルの「フォトスキャン」というサービスがオススメです。こちらは、グーグルフォトのテクノロジーが詰まったアプリで、思い出の写真をカメラでスキャンして保存し、光の反射を自動で除去、補正を施したデジタルスキャン画像を作成してくれます。また、写真の端を検出して自動的にトリミング、直線スキャン、長方形スキャン、遠近補正機能などもあります。角度補正機能では、スキャン時の向きがおかしくても正しい向きに補正してくれたりします。

このアプリを使えば、写真をすべてデジタルで管理できますし、今はもうスキャナーいらずの時代になったということですね。どうしても紙の資料が欲しい場合は、コンビニでプリントできますから、プリンターさえいらない時代になりました。

次にデータ管理でオススメなのは「Dropbox」ですね。

無料で2ギガバイトまで使えるクラウドサービスで、ファイルや写真などを保管して、どんな端末からもどこにいても、そこに保存しているファイルにアクセスできます。

しかも、このクラウドは、ファイルの共有もできますので、ビジネスパートナーや秘書とも同じファイルを共有することができます。フォルダ分けを徹底すれば、重要なファイルも見つけやすくなりますし、クラウドなので端末が壊れたとしてもファイル自体はなくなりません。

いかがでしたか。こういったツールが、ビジネスをする人間にとっての「乗り物」で、これを替えるだけで目的地に到達するスピードがかなり速くなります。すでにここに挙げたものを使っているという方も、自分のスピードをもっと上げるために、常に最新のビジネスツールについてはアンテナを張り巡らしておいたほうがいいでしょう。

人生をマスターするために必要な5つの項目

ここで少し趣向を変えて、あなたが人生をマスターするために必要な5つの項目について、お話ししたいと思います。

これは、これからあなたが副業やビジネスを始める上で、絶対に知っておいたほうがいい内容ですので、ぜひ覚えておいていただきたいなと思います。

人生には、切っても切り離せないほど重要な5つの項目があります。

それは何かというと、**1つ目は「お金」**ですね。お金なしに資本主義社会で生きていくことはできませんので、絶対に必要です。

2つ目は、「時間」。人生とは、生まれてから死ぬまでの時間ですから、切っても切り離せません。

3つ目は、「人間関係」。これも切っても切り離せないですね。人間関係なしに生きていくことは、かなり難しいものです。

4つ目は、「健康」。これをおろそかにしている人が多いですね、健康な肉体があってこそ生きていけるので、すごく重要な絶対不可欠な要素です。

5つ目は、「感情」。これも人間には切っても切り離せない要素です。これがなかったら、私たちは人間ではなくロボットになってしまいます。

さて、この5つの項目のすべてをマスターすることができれば、あなたは自分の人生をマスターすることができます。当然と言えば当然なのですが、それでは、この5

つのうち、あなたが最も優先的に、真っ先にマスターしなければならない項目があるとしたら、どれだと思いますか？


お金と答える人が多いかもしれませんが、お金をマスターできたとしても、そのお金にかまけて健康をおろそかにしたらどうなるでしょうか？

時間を手に入れるのは簡単ですね、何もしなければいいわけですから。

でも、何もしないというわけにはいかないですから、お金と時間を両立させるのは難しくなってきます。

良い人間関係を手に入れるのは、比較的簡単かもしれません。なぜなら、自分にとって有害な人間関係のあるところから逃げればいいわけですから。でも、お金と人間関係を両立させるのは結構難しいですね。お金にこだわればこだわるほど、人間関係は悪化しやすいですし、人間関係を重視するとお金を稼ぎにくくなったりします。

ここまでお話しすると察しの良い方は気づくかもしれませんが、実はこれらの要素の土台にあるのは「感情」です。

お金と人間関係を両立させるのも、お金と健康を両立させるのも、人間関係と時間を

人生をマスターするために必要な5つの項目

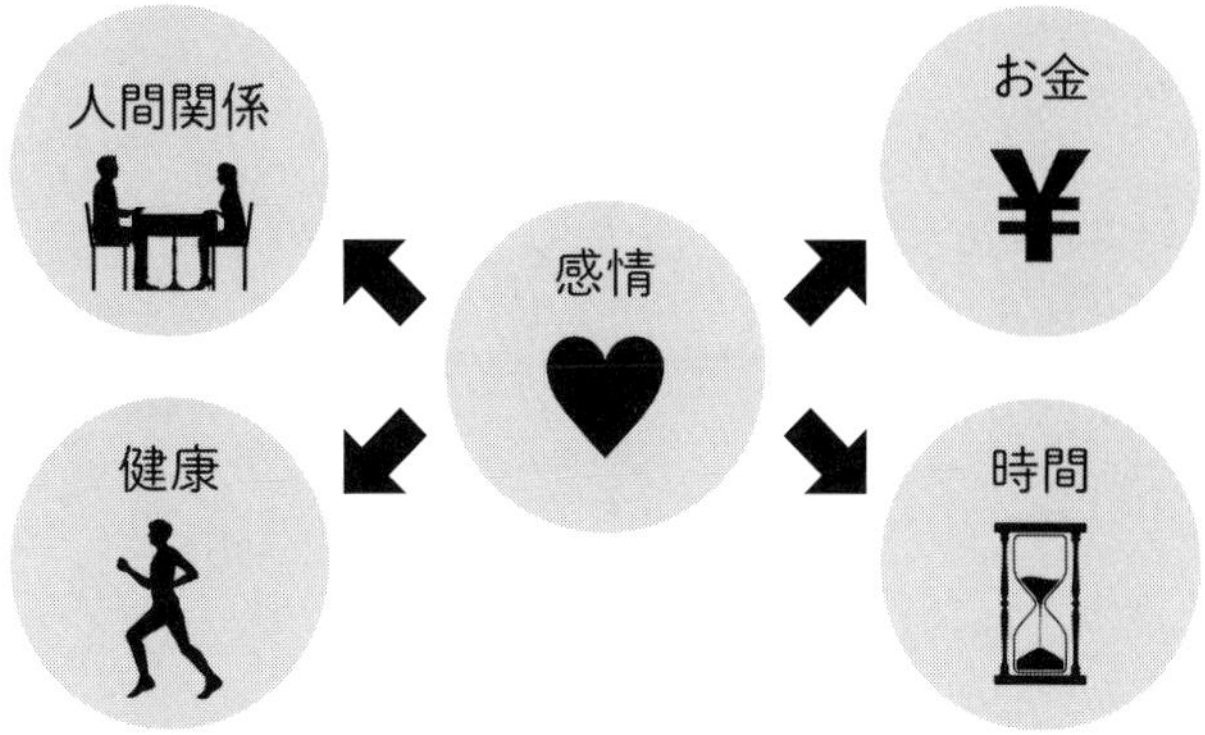

両立させるのも、実は「感情」がキーファクターになっているのです。

あなたがもし自分の感情をマスターできていなかったら、それらを両立させることはかなり難しくなるのです。これをコントロールできなければ、他のものをマスターすることは、かなり至難の業になります。

自分の感情をコントロールできていない人が、お金をマスターできるでしょうか？ 怒りや不安に囚われている人が、お金、時間、健康、人間関係を手に入れ、それを永続的に所有できると思いますか？

答えはＮＯですよね。

ですから、この５つの要素のうち、最も優先的にあなたがマスターしなければならないのは、「感情」なのです。

あなたが落ち込んでネガティブになっているとき、あなたが感情をコントロールできなければ、どんどん落ちていって復帰できず、他の４つの要素も手に入れることができなくなります。そして、逆にいえば、感情をマスターできている人は、いずれ他の４つの要素も手に入れられるようになるのです。

まずは、自分の感情と向き合い、その感情をマスターするということが、あなたの人生を一変させるカギになるということを覚えておいてください。

世界一簡単に目標を達成させる方法

さて、最後にお客様のリピート率を増やす上で、重要なのが「目標設定」。ここでは、世界一簡単に目標を達成できる方法をご紹介したいと思います。

以前、カーナビの理論のところで、目標を設定することの大切さについてはお話ししましたので、もう皆さんは目標を決めることが、どれだけ重要なことかはおわかりのことと思います。

カーナビで設定した目的地にしか、人間はたどり着くことができないということですね。

とはいえ、目標を設定しても、その目標が遠すぎる場合、途中で心がくじけてしまって、当初定めた目標のことを忘れてしまったり、あきらめてしまったりする人も多いはず。そんな方にオススメなのが、目標をダウンサイジングするという方法。ダウンサイジングとは、小さくするという意味です。

例えば、ダイエットに置き換えて考えてみましょう。３ヶ月で12キロ痩《や》せるという目標を掲げた場合、「３ヶ月で12キロ！　それは大変だなぁ」と思うかもしれませんが、1ヶ月の目標なら４キロにすぎません。１ヶ月で４キロと聞くと、そんなに大変じゃないなって思いますよね。

それをさらに細分化して、1週間に1キロならどうでしょうか？

それなら無理なくできそうって思いますよね。さらに細分化すれば一日に１４３グラムくらいですから、これなら無理なくできそうですよね。

これが、目標のダウンサイジングです。私はフィットネスクラブも経営していたのですが、そこではこの方法で皆さんを指導しており、着実に効果を上げています。

さて、この目標のダウンサイジングを使えば、売上を3ヶ月で3倍にするという目標だって、それほど大変なこととは思わずに挑めると思います。もちろん、きちんと達成できなくてもいいのです。なんだかんだと言い訳をして、限界に挑まないよりも、目標を設定してそれに挑戦することが、あなたのビジネスを成長させてくれるのです。

第8章

副業0日でも一瞬で売り上げられる副業入門テクニック

世界一簡単な在宅副業

この章では、副業0日でも一瞬で売り上げられるテクニックを紹介していきたいと思います。世界一簡単に、在宅で副業をして、お金を稼ぐためには、どうしたらいいのか説明します。

在宅ワークというのは、そもそもパソコンやスマホが1台あればできますし、それだけの設備で十分生活ができてしまうものです。ビジネスの基本は、お客様の問題解決ですから、それをオンラインでできてしまえば、それだけで在宅での仕事は完了させられるのです。

在宅で副業をするときにぜひとも押さえていただきたいポイントは、まず、「初期投資を不要にする」こと。なるべくお金をかけずにやることですね。お金をかけようとするとどうしても自己投資貧乏になったり、コストパフォーマンスに見合わないビジネスになってしまったりしますので、経費を削減するということを念頭に置いてください。

在宅で副業、それもオンラインでとなると、あなたが売れるものは限られてきます。元手がかからず、在庫を抱えるリスクもない売りものといえば何でしょうか？

答えは「情報」ですね。情報だけでも、その情報が喉から手が出るほど欲しいと思える人にとっては、お金を払う価値があるわけです。

例えば、あなたが釣りにとても詳しい人でしたら、釣り人にとって有益な情報をまとめて販売する、これだけでもお金を稼ぐことはできます。

それでは、どうやって売るかといいますと、オススメは「ｎｏｔｅ」というサイトです。このサイトを利用して、文章を売っている人が最近増えてきました。中高生でも売上を上げているそうですから、すごい時代になったものです。あなたも価値のある情報を持っているなら、ｎｏｔｅで文章にして売ってみてはいかがでしょうか？

あるいは、電子書籍を作って売るというのも1つの手だと思います。これも、アマゾンに登録することで簡単に販売することができます。要するに、現代は自費出版を電子書籍で手軽にできる時代になったということですね。

もう1つ、すぐにできる在宅副業としては、クラウドソーシングがあります。クラウドソーシングとは、ビジネスとビジネスをマッチングさせるサービスのことで、例えばあなたがデザインができる人で、デザインができる人を探している企業があるとします。その企業が、クラウドソーシングサイトで募集をかけて、あなたがそれに応募して、仕事をもらうというスタイルになります。

このクラウドソーシングで最大手なのが、「ランサーズ」という企業です。このサイトに行って、「仕事を受けたい」というところをクリックすれば、実にさまざまな仕事がずらーっとリストアップされますので、自分ができそうな仕事を検索してみるといいでしょう。

例えばエクセル文書の作成という仕事でしたら、できる人は多いでしょうし、小説を書くとか、メルマガを制作するとか、英文を翻訳するとか、本当にいろいろな仕事があります。

このクラウドソーシングのいいところは、あなたがビジネスを拡大するときに、あなたにできないことを人にお願いすることも簡単にできるというところです。

例えば、あなたがSNSの活用が苦手だった場合、SNSを運用してくれる人をランサーズで探せばいいわけです。

自分の苦手な部分を、人に委託する、これは今まで何度も説明してきましたが、ビジネスを拡大するために絶対に必要なことですから、今からランサーズなどのサイトを見て、自分のビジネスの展開をイメージしておくのもオススメです。

自動的に永久的に売れる方法

さて、前項で、あなたが持っている情報を売ることが、世界一簡単に在宅副業で売上を上げられる方法だと説明しましたが、ここではその情報が「自動的に永久に売れ続ける方法」をご紹介したいと思います。

工夫1つで、あなたの持っている情報は、あなたが特に何もしなくてもずっと売れ続けてくれるのです。

自動的に永久に売れ続けるためには、次の3つのステップを踏みます。

まずステップ1は、「あなた自身が、ものすごく価値のある情報を書き出す」。

これは、当然ですね。情報があなたの売りものなわけですから、商品をまずは用意します。

例えば、メルカリで効果的に売上を上げる方法、唐揚げをからっと揚げる方法、結婚式撮影のコツ、誰も知らない釣り場の情報などなど、とにかくあなたが持っている価値のある情報、できればものすごく価値のある情報を、書き出してみましょう。メモ帳でも何でもいいので、どんどん書いていってください。

ステップ2は、「その価値ある情報を初級・中級・上級に分ける」。

これまでにも説明してきました「松竹梅」ですね。3つのグレードの商品を用意するほうが、売れやすいのがその理由です。そして、3つのグレードで価格帯を変えます。

例えば、初級だったらメルカリで1万円のお小遣いをゲットする方法、中級だったら毎日5分の作業で10万円売り上げる方法、上級編として自動的に永久にメルカリで売上を上げる方法といった形にします。

ただし、嘘をついてはいけませんし、他人の商品をパクってもいけません（ただし、

自動的に永久的に売れる方法

ステップ1

あなた自身が、ものすごく価値のある情報を書き出す

ステップ2

その価値ある情報を初級・中級・上級に分ける

ステップ3

初級編を無料で公開する

規約違反にならない程度に自分のオリジナリティを入れてアレンジするなら可)。このように、本当に価値がある情報を、3つのグレードに分けます。

そして、分けたら、その3つの商品を、本腰を入れて書き上げてみてください。価値ある情報なら、多少文章が読みにくくても、問題はありません。

そして、最後のステップ3が、「初級編を無料で公開する」。

先ほどの例で言えば、メルカリでまずは1万円のお小遣いをゲットする方法という初級編を、YouTubeなどで無料で公開してしまうわけです。そうして、概要欄などで中級編、上級編の宣伝をしておきます。

その動画が古くなっていっても、問題はありません。YouTubeのすごいところは、どんなに古い動画でも、今の人が見てくれるというところです。ですから、あなたの動画も1回作ってしまえば、そしてそれに価値があるなら、永久に見てもらうことができ、永久に中級編、上級編への「顧客導線」があることになります。

ですから、その動画の再生数さえ伸ばすことができれば、自動的に永久に売れ続けるシステムを構築できるわけです。

このやり方をイメージして、あなたが持っている価値ある情報を、今すぐ売ってみませんか？

メルカリ・ヤフオクで稼ぐノウハウ

さて、人に売るべき価値ある情報を持っていないという人もいるでしょう。そういう人にオススメな簡単に始められる副業としては、「せどり」があります。

せどりとは、あるお店で売っている商品が、市場価格よりも安かった場合に、それを転売することで利ざやを稼ぐ手法のこと。主に古書業界で使われていた言葉ですが、現在は、本以外にもさまざまなアイテムのせどりが行われていて、せどり専用のアプリもありますし、いろいろな商品の相場変動を教えてくれるサイトなどもあります。

手軽にせどりを始めるには、まず、ツイッターで「転売売り切れ」「売り切れ転売」などのワードで検索してみましょう。そうすると、世の中で売り切れているが、それを欲しがっている人のいるアイテムの情報がヒットします。

その情報を吟味して、それがどこに売られているのかを調べていきましょう。できるだけ直近の新しいツイートを参考にしてください。

そういった売り切れているけれど、欲しい人がいる商品というのは、たいてい「オンラインでは売り切れているけれど、実店舗には在庫が残っている」ことが多いので、在庫が残っていそうな店名などで検索してみてもいいですし、いくつかそういった商品をリストアップしたら、最寄りの実店舗に繰り出して探しに行ってもいいと思います。

商品を仕入れたら、それをメルカリなどのサイトに出品して売ればいいだけです。確実に需要がある商品を仕入れているわけですから、ちゃんと売れます。こういった手法だけで月に10万円くらい稼いでいるという主婦の方が、いっぱいいるようです。

こういった簡単に副業ができるようになるお得な情報を、有料で販売している人もいて、私はそういったものを定期購入して情報を仕入れています。

あなたも、副業の情報にアンテナを張っておき、「これだ！」というものがあれば、すぐにやってみるといいと思います。

人間が変わる方法は3つしか存在しない

ここでは、ちょっと話を変えて、これまで副業をやったこともなければ、ビジネスをやったことがないという人たちの多くが思っている「私はこれから変われるんだろうか？」という疑問に対して答えたいと思います。

新しいことを始めようとするときは、誰しも不安です。新しいことに挑戦するというドキドキだけならいいのですが、新しいことに挑戦しても何も変わらなかったらどうしよう、今までの自分のままでは、何もたいした結果は出せないいんじゃないか、そういう不安に囚われている人もいるでしょう。

人間が変わるには、３つの方法しかありません。

地球上の生物たちは、変わる意思を持たなくても、日々成長していますが、人間だけは自分自身が変わりたくないと頑なに思っていれば、ほとんど変化せずに（もちろん老化はしますが）生きていくことができる生き物です。

ですから、まずは、自ら変わろうとする覚悟を決めなければ、人間は変われないということをガツンと理解してください。その上で、人間が変わることができる３つの方法を見ていきましょう。

まず１つ目は、「付き合う人を替える」。

例えば、あなたの周りに1億円以上のお金を持っている人が3人いれば、数年後にはあなたも1億円持っている確率がきわめて高いと言われています。

付き合う人を替えるというのは、それくらい重要な意味があるんです。

ですから、いわゆるドリームキラーと呼ばれる人々、あなたに対して「そんな夢は叶うわけない」とか、「そんなの無理だよ」などと言ってくる人々を身の回りに置かないようにしてください。友人なら縁を切ればいいのですが、家族、親族など身内にそういう人がいるケースもかなりありますので、そういう人たちとの距離感については、よくよく考える必要があります。

それから、ドリームキラーではないけれども、「依存性が高い人」と付き合うのもやめたほうがいいでしょう。依存性が高い人というと、アルコール依存症とか、恋愛依存症などが挙げられますが、こういう何かに依存している人というのは、ネガティブ思考に陥りやすく、精神的に自立していませんから、精神的に脆《もろ》く、自信もない人が多いのです。そういう人を周りに置いていると、あなたもそういう人たちに近づいていってしまうかもしれません。

また、あなたをコントロールしようとしてくる人にも注意です。「お前はダメだ、だから俺についてこい」というようなパワハラ気質の人に付き従ってしまうと、ずっと自分の意思を持たないロボットのような人生を送る羽目になりますので、注意が必要です。

人間が変わる3つの方法

1
付き合う人を替える

2
住む場所を変える

3
時間の使い方を変える

自分を変える方法の2つ目は、「住む場所を変える」。

これはなかなかハードルの高いことかもしれませんが、これは人生が一気に変わるパワーを秘めた行為です。

ただし、どこでも引っ越せばいいというわけではなくて、人間の欲望だらけの環境に身を置くのはオススメしません。

人間の欲求が渦巻いているような場所に住むと、自分のやりたいことや自分の本来の目的とは違う欲求に囚われてしまい、元々の目標を見失ってしまうことがあります。

それから、集中力をそいでくる環境も注意してください。集中力を発揮できるほうが早く目標に到達できますから、常に騒音があるとか、壁が薄いとか、集中力をそいでくるような環境は避けるようにしてください。

素晴らしい環境に身を置くことができれば、あなたの人生は驚くようなスピードで変わっていくことがあります。

人生を変える方法の３つ目は、「時間の使い方を変える」。

この世の中には、プレイヤー型の人と、オーナー型の人がいます。会社の従業員はプレイヤー、そのプレイヤーが働ける場所を用意して、彼らに働いてもらってお金を稼ぐのがオーナーです。オーナーとプレイヤーでは、そもそも時間の使い方が全然違います。

オーナーは戦略を考えて、人に動いてもらいますが、自分では作業をしません。ですから、生産性の高い行為に、より時間を割くことができます。

例えば、次のビジネスのためにいろいろなことを勉強しようとか、健康を維持するために運動をしようとか、そういったことに時間を割くことができますが、プレイヤーのままだとそういったことにかまけている時間がなくて、目の前の作業に忙殺されているだけだったりします。

ですから、オーナー型の人間になりたいなら、そもそも今の段階で時間の使い方を少しずつ変えてみましょう。そうすることによって、あなたという人間の思考、願望、戦略、生き方そのものが変わっていって、オーナー型の人間に近づいていきます。

誰と仕事をすればいいのか

さて、自分を変えるには3つの方法しかないというお話をしました。

その中で、「付き合う人を替える」という方法について紹介しましたが、それをもう少し掘り下げて、ビジネスで成功したければ、「誰と仕事をするべきか」というお話をしてみたいと思います。

人生は何をするかではなく、誰とするかが重要です。どんな偉業だって、たった1人で成し遂げても、何も嬉しくはないでしょう。

誰かと何かをして、大きな事を成し遂げたとき、そのことに人は感動するし、そもそも誰かと何かをしないと、大きなことを成し遂げること自体が不可能なのです。

これから副業をしようという皆さんは、ほとんどの場合、1人で仕事をする個人事業主になろうとするかもしれませんが、誰かと一緒に仕事をすることのメリットを、ここで今一度考えてみてほしいのです。そして、せっかく誰かと一緒に仕事をするのなら、「誰とするのか」にもこだわっていただきたいと思います。


ビジネスで大きな成果をもたらすために、誰と付き合うべきかですが、「クジラ」と付き合ってください。

ここで言うクジラとは、あなたがとてもじゃないけれど、1人では敵わないような大きな存在のこと。例えば、大手企業や、あなたを遥かに上回る結果を出した人、または、とてもじゃないけれど敵わないほど高いスキルを持った人などです。

要は、自分よりものすごく大きな存在のことをクジラと呼んでいるのです。

私自身の例で言うと、カメラマン養成所をやっているわけですが、出版社と一緒にコラボする機会をいただいてから急速にビジネスが加速するようになりました。また、関西で7社もの会社を上場させたことがある伝説の関西のドンと言われている方がいらっしゃるのですが、この方とも一緒に仕事をさせていただきました。

「そんな大物と、どうやってコネを作るだけでなく、一緒に仕事をできるまでになったのか?」と疑問に思う人も多いと思います。

あなたなら、そういう方と一緒に仕事をさせていただくために、どんなアプローチをしますか?

彼は、すでにお金も、地位も、名誉も、人間関係も、健康も、時間もすべて手に入れているわけです。そんな人をどうやって口説けばいいのか? と私は必死に考えました。

彼が私と一緒にビジネスをしてくれるということは、彼にとってのWINがなくてはいけないわけです。それなら、彼にとってのWINって何だろう……?

私が出した結論は、「彼を面白がらせること」「彼を楽しませること」でした。それが、お金も地位も名誉も何でも手に入れてしまった人が、一番望んでいることではないだろうかと考えたのです。

どんな人間だって、面白いこと、ワクワクすること、楽しいことととともに生きていきたいという願望を持っていますから、私はそこにアプローチしたわけです。

それからというもの、私の持てる力すべてを使って、この方を楽しませ、面白がらせ、ワクワクさせるようにしました。

すると、「君は今年自分が出会った人の中で一番面白いよ」「君はすごい」と褒めていただき、毎週のように会っていただけるようになり、最終的には一緒にビジネスをさせていただけるまでになったのです。

それでは、まだ副業やビジネスを始めたばかりの人が、どうすれば大手企業と一緒に仕事をさせてもらえるのでしょうか？

大手企業と連絡すること自体はそれほど難しくありません。どこでも問い合わせ先にメールアドレスを載せていますから、そこに連絡すればいいのですが、仕事を一緒にするとなると話は変わってきます。

大手企業には、必ずミッションとビジョンがあります。企業としての大きな目標と理想があって、そこに向かって進んでいるわけです。そして、企業によってそのミッションとビジョンには違いがありますから、まずはその違いを知ることが重要になってきます。

同じカメラメーカーでも、キヤノンとニコンとソニーではミッションもビジョンも異なりますから、その会社の考え方に合わせたアプローチをする必要があるのです。

そして、これも何度かお話ししていますが、相手を説得するときは、こちらの感情や要望はゼロにして、相手の感情に完全に移入する形で話をしにいきましょう。そうすれば、無理に説得しなくても、相手から欲しいと言ってくれる状態まで持って行くことができるはずです。

続いて、一緒に働いていく人と言えば、従業員の質も重要です。

今後の世界では、従業員はなるべく縮小したほうが良いのではないかと思っていますが、それでも業務委託契約先、仕事のパートナーは絶対に必要です。

それではどんな従業員を選べばいいのか？

私が採用している基準は次の5つの条件です。

まず1つ目の条件は、「お金持ちではないこと」。

裕福な家に育っていたり、自分自身がすでにお金を持っている人を従業員にすると、すぐに辞めてしまいます。私のビジネスパートナーの1人は、貧しい家に育っていて、お金に対する執着のバランスが良かった。彼を正社員として雇ったときには、お願いですから給料を下げてくださいと言いに来たり、土日も仕事していいですかと聞いてきたりとか、とにかく会社のことを考えて最善の行動を取ってくれました。

そして2つ目の条件が、「貪欲であること」。

これは、目先のお金には囚われないけれども、自分の仕事の結果に対しては貪欲でいてほしい。そういうハングリー精神のようなものがある人のほうが、会社を引っ張っていってくれる存在になります。

3つ目の条件は、「決意を持っていること」。

何が何でも上に行くんだという強い決意を持った仲間と一緒に仕事をすると、相乗効果でとんでもない地点まで一緒にたどり着くことができます。

なんでもかんでも部活や遊び気分でなあなあで済ませようとする人と一緒に仕事をしていても、楽しく仕事をすることはできるかもしれませんが、たいした結果は得られません。自分と同じだけの強い決意を持っている人を選びましょう。

4つ目の条件は、「仲間を裏切らないこと」。

ビジネスが上手くいけば必ず人は増えていきます。あなたがリーダーで、ミッションとビジョンを掲げて突き進んでいくわけですが、仲間が増えていくとそのミッションとビジョンを共有できない、そもそもする気がないという人も採用してしまうかもしれません。

そういう人は、いざというときにあなたとあなたの会社を裏切るかもしれません。誰かが裏切ると、せっかく仲間が増えてきた会社も、一気に崩壊してしまうこともあり得ます。

ですから、必ず仲間を裏切らない人を選ぶ、または、裏切られたとしても後悔しないような人材を選んでください。

5つ目の条件は、「あきらめないと言える人」。

今後、あなたがビジネスに挑んでいくに従って、当初は全く想定していなかった事態が次から次へと襲ってきます。

そんなときに、あなたの身近にいる人が「あきらめたい」と言い出したらどうなると思いますか？

それだけで、それまで積み重ねてきたものが、一気に崩れ去ってしまうこともあります。ですから、どんなことがあっても「あきらめない」と言える人を自分の周りに置いておきたいものです。

プレイヤーでは稼ぐことができない本当の理由

先ほどお話しした「プレイヤー型人間」と「オーナー型人間」の話をもう少し詳しくお話ししたいと思います。

1億円以上の資産を持っている人の80パーセント以上が経営者だということをご存じですか？

私はよく、職業柄、人からもっと稼ぐ方法を教えてくださいとか、もっと飛躍したいんです、どうすればいいですか？　などと質問されることが多いのですが、そういう方のお話を聞いていると、ほとんどの人が「プレイヤー」のまま頑張ろうとしているのです。

プレイヤーのまま仕事をするということはどういうことかというと、例えば、野球選手がプレイヤーで、球団経営者がオーナーです。もちろん野球選手で億単位のお金を稼げる人もいるでしょうが、それは実は少数ですし、40歳、50歳過ぎても現役で頑張れる人は滅多にいません。

また、プレイヤーには怪我のリスクもあり、野球ができなくなってしまうと、そのままお金を稼ぐことができない状態に陥ってしまいます。ですから、長い目で見れば、オーナーのほうが安定して大きく稼ぐことになるのは、明らかでしょう。

1億円以上稼ぎたい、でもプレイヤーとして仕事をしている。これは、甚だしい矛盾だということに気づいてください。

1人のプレイヤーとして稼げるお金には限度があります。自分がプレイヤーとして稼げるお金を、今真剣に計算してみてください。1億円以上稼ぐのは、きわめて難しいということに思い当たると思います。

プレイヤー思考の人が陥りがちなのが、「好きなことを仕事にする」「自分の売りたいモノを売る」という考え方です。

好きなことをやっているのは結構なことですが、その結果として、お客様の問題を解決できていなければ、ビジネスとしては発展できません。

何度も何度も言っていますが、ビジネスはお客様の問題を解決するものですから、オーナー思考になりたければ、まずはそこを徹底することが必要です。

お客様の問題を解決することにフォーカスを合わせれば、自然と「プレイヤーのままではいられない」「好きなことだけしているわけにはいかなくなる」はずです。

そして、オーナー思考になるということは、仕事のほとんどすべてを人に任せるということです。パナソニックの創業者で、日本の経営の神様として知られる松下幸之助は、小学校を中退しましたが、大成功を収め、しかも人生の半分くらいを寝たきりで過ごしていました。それなのに、5000億円以上のお金を生み出したといわれています。

なぜ、彼にそんなことができたのか。それは、彼が人に仕事をお願いしたからです。

自分1人でプレイヤーとして働いていたら、彼の到達した地点には絶対にたどり着けないでしょう。

ただ、プレイヤーを一度も経験しなくていいわけではありません。プレイヤーとして働くことを経験しておくことは、実はとても大事です。プレイヤーの気持ちがわかるほうが、オーナーとしても適切な戦略を立てることができますし、仕事をお願いするときも、プレイヤーの気持ちがわかっているほうが上手に頼むことができるでしょう。

ただ、ひとたびオーナーになったら、プレイヤーとして出しゃばろうとするのをやめて、できる限り有能な人たちに仕事を任せてください。

プレイヤーをまだやりたいのであれば、それはそれで構いません。しかし、ビジネスを成功させたいのであれば、いつかはプレイヤーをやめなければなりません。ですから、プレイヤーである期限を決めましょう。

今すぐやめるのが難しいのであれば、3ヶ月後という期限を切って、その時にやめるようにしてください。3ヶ月後にプレイヤーをやめるぞという決意を持てば、あなたの脳がどんどん回転して、本当にそうなるにはどうすればいいかと考え始めます。

私自身の例で言えば、好きでカメラマンを始めたのですが、自分自身がカメラマンとして働いているだけでは、とてもじゃないけれどたくさんは稼げないということに気づき、オーナー思考になる必要があることを学んだとき、翌日には「金輪際自分では写真を撮らない」と決めて、カメラマンをやめました。そして、人に教えて、人に撮ってもらうというオーナー型人間になったことで、ビジネスがどんどん大きくなっていったのです。

あなたは、いつまでプレイヤーを続けるつもりですか？

プレイヤーのままで、あなたの望みがすべて叶うと思いますか？

この点をよく考えてください。

メンターがいると、なぜ人生が加速するのか？

皆さんは、「メンター」という言葉を聞いたことがあるでしょうか？

メンターとは、日本メンター協会の定義によれば、「人間的に信頼、尊敬でき、公私ともに安心して相談できる人」なのだそうです。ビジネスの世界では、さらに、成功の秘訣を教えてくれる先達という意味もあると思います。

あなたには、現在、メンターはいますか？

メンターという存在は、実は以前お話しした「乗り物」と同じで、素晴らしいメンターがいればあなたのビジネスを何倍にも加速してくれる存在になってくれるものなのです。

なぜなら、メンターは、あなたが経験する失敗も、葛藤も、悩みも乗り越えてきている存在ですから、あなたがそういった障害にぶち当たったときに、適切な助言をしてくれ、あなたが挫折《ざせつ》したり、余計な問題に時間や労力を奪われたりしないようにしてくれるからです。

ですから、素晴らしいメンターを持つことは、人よりも速い乗り物に乗って目的地に向かうことと同じなのです。よく、ものすごく努力しているのに、なかなか成功できない人がいます。

その一方で、たいして努力しているように見えないのに、なぜか人生もビジネスも上手くいっているように見える人がいます。

この二人の違いは、実はメンターがいるかいないかの違いなのだ、という人もいるくらい、メンターの存在は成功を目指していく上で重要な存在なのです。

さて、それではこれからメンターを見つけるとして、どんなメンターに師事すればいいのでしょうか。メンターの選び方のポイントは、まず自分の10倍すごい人を選ぶことです。

「10倍すごいと言われても、どうやってそのすごさを測ればいいの？」と思うかもしれませんが、単純に年収で計算してみましょう。

つまり、自分の10倍稼いでいる人に、メンターになってもらう。なぜ10倍かというと、これが20倍になるとあまりにも差が開きすぎていて参考にならなかったり、5倍のメンターにつくと結局ゴールにたどり着いても成果が5倍にしかならなかったりするため、10倍くらいのメンターがちょうどいいわけです。

また、もし幸いにも素晴らしいメンターと巡り会うことができた場合、あなたはメンターの何を見て勉強しようとするでしょうか？

ほとんどの方は、メンター自身を見て、メンターのしていることを真似ようとするでしょう。

しかし、これはフランス文学者の内田樹《たつる》の言葉なのですが、「師匠その人を見るよりも、師匠が何を見ているのかを見よ」なのです。メンターを見ているだけではダメで、メンターが何を見て何を考えているのかを知ることに意味があります。

ですから、例えばあなたのメンターがセミナーを開いたときに、参加者がメンターにさまざまな質問をして、メンターが答えるとします。そのとき、あなたなら何をメモしますか？

メンターの答えをメモするという人が多いかもしれませんが、それではメンターの見ているものを見ていることになりません。

メンターの見ているものを見たいならば、その参加者の質問をメモする必要があるのです。なぜなら、メンターは、「一般の人はこういうことに疑問を持つものなのだな」ということを勉強しながら参加者の話を聞いているからです。メンターの見ているものを見るとは、そういうことであり、そういう視点で物事を見ていれば、いつかあなたもメンターに近づけると思いませんか？

メンターの他に、マスター（師匠）という存在もいます。メンターとマスターの違いは、メンターは実際に会うことができ、相談できる立場の人で、分野ごとに存在しています。

一方、マスターは、実際には会うことはできない故人も含む、時間と空間を超えてあなたに何かを教えてくれる存在です。

ですから、松下幸之助をマスターと仰ぎ、実際に会うことのできる先達をメンターにする、ということが可能ですし、メンターはその人の得意分野ごとに1人ずついてもいいのです。ただし、マスターは1人に絞ったほうが、あなたの考えがぶれにくくなりますので、1人に絞ることをオススメします。

5分間脳がちぎれるほど考える習慣

一日の1パーセントは14・4分です。

どれだけ忙しい人でも、一日にこれぐらいの時間を確保することはできるでしょう。

この1パーセントの14・4分は、何にも制限されずに考えることに当ててほしいと思います。そして、その内の5分間は、脳がちぎれるほど何かを考える習慣をつけてみてください。

事業計画、マーケティング、理想の未来、短期的なことよりも長期的なこと、緊急ではないけれども重要なこと、お金や時間に囚われずに考えたいアイデアなど、いろいろなことを考えてみてください。

リラックスしているときのほうが、豊かな考えが思いつくと思うので、シャワーを浴びている時間などを、その時間に充てるのはいかがでしょうか？

どれだけ優れた催眠術師でも、どれだけ有名なメンタリストでも、どれだけ影響力のある人でも、あなたの反応をコントロールすることはできるかもしれませんが、あなたの思考を完全にコントロールし、奪うことはできません。

あなたがどれだけ金銭的に悩んでいても、どれだけ重い責任を背負っていようとも、どれだけ深く悩んでいることがあったとしても、実はあなたの思考はいつだって自由で、欠乏感に囚われることなく、豊かさにフォーカスして考えることができるのです。

妄想は無料です。

この5分間は、心に一点の曇りもない状態で、また、一切の制限をかけることもなく、自由に考え、発想してみてください。

その思考が、実際にあなたを精神的にも経済的にも自由な方向に導いてくれることがあります。

それをたった一日だけするのではなく、あなたの習慣としてください。脳がちぎれるほど考えるのです。

あなたには、実はすでに必要なものはすべて揃っており、すべての自由を手にしているのです。

あなたは、あなたの人生に「負けてなるものか」という強い意志を持ってください。なぜなら、あなたは、何にだってなれるし、どこにだって行けるのです。あなたはまだそのことに気づいていないかもしれませんが、あなたは何だってできるのです。「私は、できる」と信じることが、あなたを、ビジネスにおいても人間関係においても、本当の意味で自立させることになります。

あなたの夢を叶えるマスターマインドグループ

さて、前に人生を変えるためには「付き合う人を替える」のが良いというお話をしましたが、それに関連して「マスターマインドグループ」というものを紹介したいと思います。

マスターマインドグループとは、『思考は現実化する』という本で知られる、自己啓発の世界ではその名を知らない人はいないほどの有名人ナポレオン・ヒルが提唱した概念で、「一緒に夢を叶えようとする人が集まるグループ」のことです。

付き合う人を替えれば、あなたの人生が変わるわけですから、マスターマインドグループを作れば、あなたと一緒に夢を叶えようとする人たちとだけ付き合えるので、夢の実現に加速がつくことは間違いありません。

しかし、マスターマインドグループは、作り方を間違えてしまうと、むしろ逆効果になってしまう代物ですので、ここではマスターマインドグループのメンバー選定原則と、運用原則についてお話ししたいと思います。

メンバー選定原則その1は、「グループを申込制にしないこと」。

マスターマインドグループは、夢を叶える友人たちのグループですから、あなたが一緒にいたいと思える人だけを入れる必要があります。

あなたの夢を否定したり、あきらめるように促してくるような人を入れてしまっては元も子もありませんから、申込制にするのではなく、あなた自身が誰を入れるのかを決められるようにしておく必要があります。

メンバー選定原則その2は、「メンバーはポジティブ思考でなければならない」。

ネガティブな話ばかりをする人を集めてしまうと、あなたまでネガティブ思考に囚われてしまい、共依存のような関係になってしまいます。精神的に自立した者同士が、ポジティブな話だけをするグループにしましょう。

メンバー選定原則その3は、「可能性マインドを持っている人を選ぶ」。

私が、この人生において、あなたに一番信じてほしいのは「あなたの可能性」です。

あなたには何だってできるのだということを信じてほしいということを、私は何度もお伝えしていますが、マスターマインドグループのメンバーも、あなたの可能性を信じてくれる人だけを入れるようにしてください。さもないと、あなた自身がだんだんと自分の可能性を信じられなくなっていくかもしれません。

メンバー選定原則その4は、「一緒にいて楽しい人たちを選ぶ」。

一緒にいて楽しいと感じられる人といなければ、自然とポジティブなエネルギーが弱まり、ネガティブなエネルギーが支配的になってしまいます。

一緒にいる人を選ぶとき、相手のことがよくわからなかったら、一緒にいて楽しいかどうかという単純な基準で選ぶと、案外、その直感が当たっていることが多いものです。

さて、以上がメンバー選定原則で、次に紹介するのがグループ運営原則です。こういう方針でマスターマインドグループを運営すれば、あなたにとってそのグループは、ものすごく有意義な存在になります。

グループ運用原則その1は、「メンバーは定期的に集合すること」。

マスターマインドグループのメンバーは、定期的に集合して、自分たちの夢や目標について意見を交換する必要があります。たまに会って話し合うだけでは、話した内容や夢のことも忘れてしまいますので、意味がありません。

グループ運用原則その2は、「可能性を感じさせる場所に集合すること」。

マスターマインドグループは、平凡な会議室や、自分たちの家に集まって話をしてはいけません。自分たちにとって、夢や可能性を感じさせるような特別な場所に集まるようにしてください。例えば、広大な海が眺められる場所や、満天の星空を眺められる場所、あるいはちょっと無理をしなければ行けない高級ホテルのレストランとか、そういった特別な場所に集合して、夢を語ってください。

グループ運用原則その3は、「1ヶ月の活動と成功の報告をすること」。

1ヶ月に1度は会って、お互いの活動と成功の報告をしましょう。1ヶ月に1回は厳しいようでしたら、四半期ごとに1回など定期的に会ってください。

そのときに気をつけないといけないのは、あなたが前回会ったときよりも成長しているかどうか、です。

私の周りの成功者で、何十億円も稼いでいる人たちが全員共通して言っているのは、「先月の自分と今月の自分が変わっていないことほど怖いことはない」ということでした。それくらい、成功者たちは自分が成長するということに対して敏感ですし、そこにフォーカスして生きているのです。ですから、グループのメンバーとも、そういった観点からお互いの成長を見守っていきましょう。

グループ運用原則その4は、「お互いのために、お互いの望むことを、お互いに望むこと」。

ちょっと複雑な言い方ですが、例えば、誰かメンバーがマーケティングについて学びたいという望みを持っていたら、私もその人の望みを応援してあげたり、あるいは自分がマーケティングについて知っていることをその人に教えてあげたり、その人の問題解決に手を貸してあげるということです。

つまり、相手の望みは自分の望みであり、自分の望みは相手の望みという状態で、お互いに力を貸し合い、理解し合い、助け合うということです。

グループ運用原則その5は、「世界のどの部分を良くしていくかについて話し合う」。

マーケティングの神様であるピーター・ドラッカーは、「マーケティングとは喜ばせ合いである」と言いました。お互いがお互いを喜ばせ合うことこそが、マーケティングの真髄であると。

ビジネスはただのお金儲けではなく、経営者は本来、自分のビジネスによってお客

マスターマインドグループのメンバー選定原則と運用原則

●メンバー選定原則

1. グループを申込制にしないこと
2. メンバーはポジティブ思考でなければならない
3. 可能性マインドを持っている人を選ぶ
4. 一緒にいて楽しい人たちを選ぶ

●運用原則

1. メンバーは定期的に集合すること
2. 可能性を感じさせる場所に集合すること
3. 1ヶ月の活動と成功の報告をすること
4. お互いのために、お互いの望むことを、お互いに望むこと
5. 世界のどの部分を良くしていくかについて話し合う

様のどんな問題を解決し、そして世の中のどの部分を良くしていこうかと考えるべきです。

ですから、マスターマインドグループのメンバーも、ビジネスをただのお金儲けとして捉えるのではなく、自分たちが世界のどの部分を良くしていきたいかという観点から、ビジネスのことを話し合うようにするべきなのです。

年収1000万円を1億円にする方法

さて、いよいよこの本も終わりに近づいてきました。ここまで読んでくださった方なら、もう年収1000万円を年収1億円にする方法のイメージを掴むことができるようになっているのではないかと思います。

副業では小銭稼ぎしかできないというのは甚だしい勘違いであり、副業で億単位のお金を稼ぐことは可能です。

このような桁違いの結果に到達するには、

▼自分でしないと決断すること（自分しかできないこと以外は委任すること）
▼自分の価値観を手放すこと
▼桁が変わるほどの可能性ある行動をすること
▼絶対的理由を見つけること（「もう何が何でもお金の悩みを持ちたくない」など）

▼影響力のある人とコラボすること
▼抵抗心をなくすトレーニングを行うこと
▼積極的心構えを持つこと
▼イメージをし、明確な計画を立てること

これらは、よく考えればおわかりになると思いますが、すべてお金がかからない行動です。ということは、あなたにできるかできないかの問題ではなく、あなたがやるかやらないかの問題にすぎないのです。

幼少期からまともにお金の教育を受けてこなかった日本人の多くは、たくさんのお金を手にすることに対して罪悪感を覚える人たちが多いのですが、罪悪感を覚える必要は全くありません。

たくさんのお金があると、選択肢を増やすことができます。どんな人生を送るかの選択肢の幅が広がるのです。

そして、より多くの人たちの「ありがとう」を集めることもできます。

ユダヤ人やキリスト教徒には「什一献金《じゅういちけんきん》」と言って、収入の10分の1を献金するという習慣があります。

これは得たお金の10パーセントを、自分以外のために使うという意味です。このお金は、あなたの元に同じお金という形ではないかもしれないけれど、いずれ返ってきます。それは人からの感謝かもしれないし、あなたの名声かもしれないですが、いずれにしろあなたの元へは必ず返ってきます。

こうした思考ができるようになれば、「お金がなければ自分は幸せになれない」「だからこのお金を手放すわけにはいかない」というお金に依存している心からも、解放されやすくなります。

これから副業やビジネスでお金を稼ごうとしているあなたにとって、最大の難関が「お金をコントロールできるかどうか」です。

あなたがお金の主人であって、お金に使われたり、お金に支配されたりしてはいけません。あなたがお金をコントロールできないと、金銭欲はあなたの心をむしばみ始め、最終的にはお金に殺されてしまうことだってあり得ます。ですから、お金やあなたの金銭欲をコントロールできるようになってください。

その手段の1つとして、副業はとても今の時代に合っているでしょう。

あなたは、あなたにいっさいの制限をかけず、あなた自身の力によって、大きなお金を手にしてもいいし、またそれができるのです。

今、無難な選択をしたならば……

「今」という瞬間は、何でできているでしょうか？

それは、私たちの「過去の選択」によってできています。これまでに、多くの物事や行動、言葉を選んで、選んで、選んで、選んできて、「今」があります。

そのすべての選択が、無意識のものであったとしても、選んでいるのは、あなたに他なりません。つまり、「未来」というのは、「今、あなたがする選択の結果」です。あなたが「これぐらいでいいや」と妥協の末に決めた選択が、「それぐらいの人生」へと繋がっていくのです。

そんな妥協の結果としての人生を送って、死ぬ間際になった鏡の前の自分に向かって「悔いなし！」と言えるでしょうか？

例えば、あなたは余命3ヶ月を宣告されたなら、そのとき、何をやめ、何を始めますか？

会社を辞め、好きなことを始めるという人も多いでしょう。しかし、よく考えてみてください。今、あなたの余命がどのくらいあるか、あなたはわかっていますか？もしかしたら、本当に3ヶ月後かもしれないのです。ガンなどの病気で亡くならなくても、3ヶ月後に事故に遭ってしまうかもしれないですし、思いも寄らない理由で人生に幕引きが訪れるかもしれないのですよ。

未来が、今の選択の結果ならば、今、無難な選択をしている人には、無難な未来が訪れてしまいます。今、逃げている選択をしている人は、ずっと逃げなければならない未来が来るかもしれません。夢は自分から逃げません。でも、人生で逃げているのは、いつだって自分なのです。

もう恐れや恥ずかしさから選択をせず、自分の人生に責任を持ち、悔いのない人生を生きてほしいのです。

前にも書きましたが、私が皆さんに人生で一番信じてほしいのは、「自分の可能性」です。

そして、人生で一番やってはいけないのは、「自己否定」です。

どうかこの本によって、お金にコントロールされ、お金に殺されることなく、好きなことで生きる人生を歩んでいただければと心から願っております。

おわりに――より豊かな人生を全うするために

現在、波の音を聴きながら、最後の文章を書き上げています。

世界トップの経営者からとにかく学び続けた成果として、そして、大切な仲間たちと、3人の愛する子どもたちに残したい言葉として真剣に書き上げました。

想像してみてください。

もし、今、携帯電話を持たず、お金も持たず、急にアフリカの草原にたった1人でポツンと置かれたら、生きていける自信はあるでしょうか？

ほとんどの人たちが、何らかに依存していることに気づいていません。お金、携帯、ネット、人間関係、環境……「それらがないと生きられない」という依存状態にあることに気づいていないのです。

自分がそういったものに依存していて、生きにくさを感じたときは、思い出してください。ビジネスとは、あなたがもらう「ありがとう」の数であることを。

もしアフリカでたった1人取り残されたとしても、何でもいいから、そこに住んでいる人たちに喜ばれることをして、言葉が通じなくてもジェスチャーでお腹が空いたことを伝え、またそこにいる人々を助け続ければ、お金も携帯もなくても、あなたは幸せに生きていくことができるのです。

今回の本のテーマは副業。

あなたの頭の中に張られた蜘蛛の巣を取り払う「知識」というよりも、むしろ「知恵」というべきものが身につくように意識して書いたつもりです。

副業によって、あなた自身が本当の意味で自立し、地球上のどの部分を良くしていくかという、問題解決ヒーローになってくれることを切に願っています。

最後になりましたが、改めて簡単な自己紹介をしますね。

私は大阪の八尾市出身で、1983年1月17日生まれ。元々プロのミュージシャンで20歳の頃に東京に上京しました。作曲した曲は現在でもカラオケには入っているけど（バンド名「コトネイロ」）、全然売れず、音楽だけで食っていくのは厳しいと、テレビ番組制作を始めますが、スポンサーに逃げられて大阪に帰ることになります。

そこから輸入、輸出、メーカー、小売、卸、せどり、ヤフオク、アフィリエイト、デザイナーなど、副業でさまざまなことを行い、そこから最も成功した貿易で会社を設立（つまり、今日現在含めて一度も就職したことがなく、社会経験ゼロ）しました。

そして、カメラ初心者のまま写真館をオープンし、その後、駅徒歩0分の立地に9部屋借りて総合フィットネスクラブと飲食店をオープン。この時点でも、従業員30名以上で名前も知らない人が働いていているような規模でしたが、翌月の支払いで追い立てられる生活を送っていました。

この時点での自分の給料は正直に言うと、たったの20万円。このままじゃいけないと、一念発起し、フィットネスクラブは店長に無償で譲渡しました。従業員の入れ替わりも激しかったですが、最終的には家族と事務員のみの会社にして、そこから世界中を飛び回り、世界ＴＯＰクラスの経営コンサルタントからビジネスの本質を一から学び直し、翌年には、ほとんどセミリタイア生活に入りました。

そのまま家族でマレーシアに移住する予定が、新型コロナの発生で叶わなくなり、沖縄のリゾート地のプール付きオーシャンビューマンション最上階に移住しました。

仕事はだいたい週に1時間。あとは愛すべき家族と、愛すべき仲間たちと遊んだり、彼らを手助けしたり……。

大好きな言葉は、「最も大切なことは、最も大切な人を、最も大切にすること」。

自分の可能性以外に信じ切っているのは「人生は必ず素晴らしいもの」であるということ。

人生は上手くいかないことのほうが絶対に多いのです。中学校のとき、転校してすぐ、何の理由もなく殴ってくる人がいました。ミュージシャン時代も、ネット上にあることないこと書かれたり、他にもここには書けないような理不尽な出来事が重なったりして、自殺を考えたことも正直ありました。

でも、生きていく中で、生きるということは素晴らしいということを知りました。人生というものは素晴らしいものなのだということを知りました。

そして、それを知ってしまったからには、世界中の子どもたちに、そのことを背中で伝えたいのです。人生って最高なんだよ。ビジネスって素晴らしいんだよ。好きに生きていいんだよ。大胆に生きていいんだよ。誰かと比べなくていいんだよ。後悔さえしなければいいんだよ。お金に殺されるな。自分に負けるな。もう自己否定はやめて、自分の人生を制限するのはやめて、好きなことで生きようって。

副業で「ありがとう」を集めましょう。

あなたがどんな人であれ、仮に何も誇るべきものを持っていなくても、それでも、あなたの人生は間違いなく素晴らしいのです。素晴らしいものにできるのです。

この本を最後まで読んでくださり、本当にありがとうございます。

私の人生の目的は、「世界をより豊かにすること」です。

そのために生涯を捧げると、ここに誓います。

基本的にのんびり暮らしているので、いつでもご気軽にご連絡ください。

小椋　翔

【著者プロフィール】
小椋　翔（おぐら・しょう）

副業経営コンサルタント。株式会社コトノ葉代表取締役。現在３社経営。1983年、大阪府八尾市生まれ。わが子を撮影するために購入した３万円のカメラ１台で、そのまま写真館をオープンし、その後に出張撮影を開始。全国どこにでも出張する撮影サービスとして好評を呼ぶ。そこからフィットネスクラブ、飲食店を開業し従業員を多いときに30人以上まで増やす。2017年、カメラマンを育成する「カメラマン全力授業」を全国で開始。たちまち人気講座となり、受講生の中には月に100万円以上を稼ぐカメラマンも多数輩出。また、経営コンサルタントとして、3000人以上に経営コンサルを実施。ごく普通の主婦から、年商80億の社長までコンサルし、受講生は、ネット物販販売、パーソナルトレーナー、ヨガ講師、サロン系（カウンセラー、美容系）、教育系セミナー講師（オフライン、リアルとも）など多岐にわたり、その再現性の高いノウハウは高評を得ている。著書に『副業するならカメラマン』（フォレスト出版）がある。

最短で最高の結果を出す
副業バイブル

2021年8月21日　初版発行

著　者　　小椋　翔
発行者　　太田　宏
発行所　　フォレスト出版株式会社
〒162-0824 東京都新宿区揚場町2-18 白宝ビル5F
電　話　　03-5229-5750（営業）
03-5229-5757（編集）
URL　　http://www.forestpub.co.jp
印刷・製本　　萩原印刷株式会社

©Sho Ogura 2021
ISBN978-4-86680-140-7　Printed in Japan
乱丁・落丁本はお取り替えいたします。

最短で最高の結果を出す
副業バイブル

読者の方に無料
特別プレゼント

ビジネスに迷わなくなる
ミッション・ビジョン・バリューの
作り方

（動画ファイル）

著者・小椋 翔さんより

副業はもとより、新たなビジネスを立ち上げたいと思い立ったとき、迷いが生じることがあるものです。そんな迷いを解消するための方法を解説した動画ファイルを無料プレゼントとしてご用意しました。ぜひダウンロードして、本書とともにあなたの人生やビジネスにご活用ください。

特別プレゼントはこちらから無料ダウンロードできます↓

http://frstp.jp/oguraf

※特別プレゼントはWeb上で公開するものであり、小冊子・DVDなどをお送りするものではありません。
※上記無料プレゼントのご提供は予告なく終了となる場合がございます。あらかじめご了承ください。